하루 10분!

밥상머리
소통의 기술

하루 10분!
밥상머리 소통의 기술

대화에서 토론까지 이끄는 절대적인 힘

초 판 1쇄 2024년 08월 27일
초 판 2쇄 2024년 10월 07일

지은이 김주영
펴낸이 류종렬

펴낸곳 미다스북스
본부장 임종익
편집장 이다경, 김가영
디자인 임인영, 윤가희
책임진행 이예나, 김요섭, 안채원, 김은진, 장민주

등록 2001년 3월 21일 제2001-000040호
주소 서울시 마포구 양화로 133 서교타워 711호
전화 02) 322-7802~3
팩스 02) 6007-1845
블로그 http://blog.naver.com/midasbooks
전자주소 midasbooks@hanmail.net
페이스북 https://www.facebook.com/midasbooks425
인스타그램 https://www.instagram.com/midasbooks

© 김주영, 미다스북스 2024, *Printed in Korea*.

ISBN 979-11-6910-772-3 03370

값 18,000원

미다스북스는 다음세대에게 필요한 지혜와 교양을 생각합니다.

하루 10분!

밥상머리
소통의 기술

김주영 지음

미다스북스

시작하며

밥상머리 소통은 나에게 육아 생존법이었다

유난히도 순한 아이

잘 울지도 않은 아이

남들보다 키우기 쉬운 아이

까칠한 아이에 비하면 너무도 얌전했던 아이

하지만, 시간이 지날수록

소심한 아이

부끄러움이 많은 아이

남 앞에서 자신감이 없는 아이

자기감정을 표현하지 않는 아이

많은 사람 앞에 서면 얼어버리는 아이

아이를 키우는 건, 가슴이 미어지고 힘든 일이었다.

아픈 사람이 병원에 찾아가듯 불안감에 닥치는 대로 육아 책을 읽었다. 조금이라도 도움이 될 만한 것이 있다면 주저하지 않고 바로 실행했다. 밤마다 목이 터져라 동화책을 읽어주고, 남들 사교육에 눈을 뜰 때 엄마표 영어를 시작하고, 남들 논술학원을 보내길래 밥상머리 소통을 시작했다.

시작했으니 아이를 변화시키고 싶다는 생각이 간절했다. 반드시 성공하여 아이를 내 품에서 내 손으로 어디 한번 잘 키우고 싶었다. 하지만, 험난한 과정 속에서 몸과 마음이 지쳤고, 포기하고 싶은 마음도 들었다. 하지만 그때쯤, 밥상머리 소통에는 '실패라는 건 없다'를 깨닫게 되었고, 그 순간, 또 다른 삶이 찾아왔다.

사실 난 대화법이나 토론을 전문가에게 따로 배운 적은 없다. 단편적인 지식을 외우고, 시험 보고, 다시 까먹는 행위를 되풀이하던 주입식 교육이 익숙한 대한민국의 평범한 부모. 그런 내가 밥상머리 소통을 시작한 이유는 '관계'에서 시작한다. 아침에 눈을 뜨면, 싫든 좋든 매일 마주치는 가족 관계는 항상 어렵다. 아이가 어릴 때는 밥 먹이는 것도, 재우는 것도, 부모가 정해놓은 패턴으로 길들인다. 하지만, 아이가 커갈수록 점차 부모와 불협화음이 생긴다. 결국 아이는 부모가 쳐놓은 울타리 밖으로 조금씩 벗어난다.

생각해보면 이는 아이에게 자아가 형성되는 과정으로 자연스러운 현상이다. 하지만 상황을 직접 맞닥뜨리는 부모는 이런 현상이 세상 불편하다.

'하라는 공부를 하지 않고 딴짓하는 일', '먹으라는 음식을 깨작거리며 남기는 일', '입으라는 옷을 입지 않고 거부하는 일' 등, 집 안에서 매일같이 이런 일을 마주하는 부모는 답답하다 못해 불안감에 휩싸인다. 이러한 아이의 이탈된 행동으로 부모는 아래와 같이 아이를 규정한다.

'말을 잘 듣지 않는 아이'
'고집이 센 아이'
'반항하는 아이'
'키우기 어려운 아이'

매일 반복되는 상황으로 부모와 자녀 사이는 점점 멀어져간다.

열심히 해도 티도 안 나고, 이제 잘 되나 싶었다가 또 새롭고, 기뻤다가, 슬펐다가, 신났다가, 힘들다가, 다시 하기 싫었다가, 정신 차리고 다시 마음먹던 날! 소리 없는 아우성이 울린다.

'도대체 어떻게 하면 아이를 잘 키울 수 있을까요?'

아이가 매일 똑같고 재미없는 일상생활을 이야기하는가?

자세히 들어보면 '매일 조금씩 다른 이야기'다.

아이가 별일도 아닌 일로 호들갑 떤다고 생각하는가?

자세히 들어보면 '처음 겪는 세상 신기한 이야기'를 하는 중이다.

소심한 아이를 키우는 부모라 더 힘들었다. 늘 조마조마한 마음뿐이었다. 지푸라기라도 잡고 싶은 심정으로 붙잡고 있던 육아 책은 읽을수록 어려웠고, 부모 교육은 들을수록 미궁으로 빠지는 날도 많았다. 마음 깊은 곳에 아이에 대한 걱정과 불안감은 높아졌고 부정적인 기운은 부모인 나를 끊임없이 괴롭혔다.

하지만 방법을 조금씩 알게 되었다.

바쁜 일상에서 함께하는 시간이 점점 줄어드는 요즘, 부모와 자녀가 평화롭고 지혜롭게 지내기 위해서 가장 필요한 건 밥상머리 소통 육아법이라는 것을….

하루에 단 10분. 밥상머리 대화, 토론, 소통의 기술을 통해, 작은 대화가 쌓여 큰 변화를 만드는 마법 같은 이야기를 시작해 보려 한다.

침묵의 밥상머리

아무도 말을 하지 않는다. 싸우지도 않았는데, 집안에 우환이 있는 것도 아닌데, 정적이 흐른다. 아이들은 재잘거리지도 않았고, 대수롭지 아니한 일로 아웅다웅하지도 않았다.

나는 육아에 지쳐 말을 하지 않았을 뿐이고,
남편은 직장생활에 지쳐 말을 하지 않았을 뿐이다.
부모의 침묵으로, 아이들은 따라서 말을 하지 않았을 뿐이었다.

사실 밥은 편하게 먹고 싶었다. 아이가 신나게 재잘거리는 이야기는 나에게 그다지 특별하지 않았다. 독박 육아였던 나는 평일에는 남편 없이 아이들과 밥을 먹어야 했고 휴일에만 4명의 완전체가 함께 모여 밥을 먹을 수 있었다.

온 가족 모인 밥상머리에는 한 가지 골칫거리가 있었다. 두 살 터울 남매는 항상 엄마가 자기 옆에 앉길 바랐고, 누구 한 명이 먼저 엄마 옆을 차지하면, 다른 누구 한 명은 세상 억울하고 서러워했다. 서운한 마음은 징징거림과 날카로운 짜증으로 표현되었고, 매번 불편한 마음으로 식사를 해야만 했다.

공평하게 가위바위보로 엄마 옆에 앉을 사람을 결정했다. 타협이 안 되는 날에는 좁은 2인석 자리에, 셋이 나란히 앉아 불편하게 밥을 먹어야만 했다.

이를 해결하기 위해 이런저런 방법을 시도했으나, 쉽게 해결되지 않았다.

이로 인해 내 안에 화가 쌓이기 시작했다. 반복된 싸움과 징징거리는 소리가 너무 듣기 싫었다. 항상 불편한 상태로 밥을 먹으니 소화불량에 걸릴 지경이었고 아이들이 오직 나만 찾는 게 지긋지긋했다. 제발 한 명이라도 남편에게 가길 바랐다.

눈 뜨는 순간부터, 눈 감는 순간까지 나에게 자유는 없었고 모든 원망은 고스란히 남편에게 갔다.

'그러게, 평상시에 좀 일찍 와서 아이들이랑 시간 좀 더 보내지…'

아이들이 나만 찾는 불편함이, 이제는 남편의 부재에서 오는 당연한 결과로 변질되어, 더 원망스러운 마음에 나는 말을 하지 않았다.

정신 차리고 보니, 침묵이 우리 집 밥상머리가 되었다.
아침부터 저녁까지 수많은 일이 있었을 텐데, 아무도 말을 하지 않는다.

순간 침묵이 불편함으로 다가왔다.

아이가 한참 어릴 때 남편의 퇴근 시간은 항상 늦었다. 특별한 기념일이 아니면, 아이들은 평일에 아빠와 함께 얼굴 마주하며 밥 먹은 일이 손에 꼽는다.

남편은 세상 착한 남자로 법 없이도 사는 사람이다. 남을 흉보거나 욕하지 않고, 쓸데없거나 실없는 소리는 절대 하지 않는다. 집안 설거지는 기본이요, 주말이면 맛있는 요리와 쓰레기 분리수거도 말없이 척척 하는 세심하고 자상한 남편이다.

그런데도 난 왜 남편을 원망했을까? 이유는 2배, 아니 10배쯤은 내가 더 힘들다고 생각했기 때문이다. 마음 편하게 밥 한 끼 먹을 수 없고, 화장실도 내 맘대로 갈 수 없다는 현실에 몸과 마음은 점점 지쳤고, 아이를 잘 키워야 한다는 책임감은 나를 더 조급하게 만들었다.

육아란, 하루아침에 관둘 수도 없고, 누군가에게 미룰 수도 없고, 주변에서 도와준다고 힘듦이 사라지는 그런 단순한 일이 아니었다. '부모가 되기 위한 과정'의 삶은 누구에게나 어려운 일이었고, 많은 감내와 노력이 필요했다. 나 자신을 잠시 내려놓고, 나는 그렇게 진짜 엄마가 되었다.

다행히 아이가 커가면서 육체적인 힘듦은 서서히 해결되었다. 막무가내로 떼를 쓰지 않았고, 엄마를 찾는 횟수도 점점 줄었다.

  하지만 육아의 긴 터널 중반쯤 또 다른 고민이 생기기 시작했다. 사춘기에 접어든 아이와 이야기를 해도, 늘 무미건조한 이야기만 무한 반복될 뿐, 누구 하나 속마음을 터놓고 대화할 여유조차 없다는 사실을 깨달았다.

1장

밥상머리 소통을
시작해야 할 때

현재를 사는 부모 vs 미래를 읽는 부모

🍴

좋은 건 알겠는데 나도 할 수 있을까요?

1) 밥상머리 소통을 꼭 해야 하는 이유

아이가 토론하고 있다고 '착각'했다

아이가 초등학생 고학년이 되자 학교에서 토론 활동이 눈에 띄게 많아졌다. '초등학생에게 시험이 필요한가'에 대해 찬반 입장 생각해오기 숙제를 확인하자마자 아이는 노트북을 켰다. 그리고 포털 사이트에 토론 주제를 검색했다. 검색한 지 1분 만에, 정답 같은 정보를 쉽게 얻을 수 있었다.

질문 1: 초등학생에게 시험이 필요하다면, 그 이유는 무엇인가요?

- 자신의 능력을 확인할 수 있어서
- 초등학생 때 배운 내용이 중학교, 고등학교 학습 내용의 기초가 되기 때문에
- 스스로 공부하는 습관을 지닐 수 있어서
- 목표를 세우고, 의욕과 긴장감을 잃지 않을 수 있어서
- 시험을 통해 성취감을 느낄 수 있어서

질문 2: 초등학생에게 시험이 필요하지 않다면,

그 이유는 무엇인가요?

- 시험으로 인한 스트레스를 받기 때문에

- 시험 성적이 안 좋으면 자신감이 떨어지기 때문에

- 친구끼리 경쟁 심리가 생기기 때문에

- 방과 후나 주말에도 학원을 가야 하므로

- 시험에만 치중하면 창의력과 상상력이 떨어지기 때문에

[출처: 노벨과 개미, 노벨 아이 공동 설문조사]

아이는 검색된 결과를 그대로 적기 시작했고, 토론 숙제는 10분 만에 끝이 났다. '과연 내용은 알고 적은 걸까?' 의심스러웠다. 난 아이에게 토론을 직접 해보자고 제안했다.

엄마: 우리 한번 해보자!

아들: (불만 섞인 목소리로) 꼭 해야 해?

엄마: 학교에서 적은 내용으로 발표할 텐데 미리 엄마랑 해보면 도움이 되지 않을까? 너는 찬성할래? 반대할래? 반대? 그럼 엄마는 찬성할게. 엄마는 초등학생이 시험이 필요한 이유는, 시험을 봐야 내가 지금 무엇을 알고 무엇을 모르는지 알 수 있으므로 시험이 필요하다고 생각해. 그럼

반대 의견은?

아들: (묵묵부답)

엄마: 아까 적은 그대로라도 한번 해봐!

아들: (작고 퉁명스러운 목소리로 책을 읽듯이 중얼거리며) 시험을 못 보면 자신감이 없

어지기 때문이다.

엄마: (속 터지지만 꾹 참으며) 오~~ 잘하는데! 엄마가 또 찬성하는 이유를 말할

게.

아들: 이제 반박해야 해! 막 화내고 싸우고!

엄마: 토론은 싸우고 화내는 게 아니야. 시험을 봐야 하는 이유는, 자신이 목

표한 점수가 도달되면 자신감이 생기기 때문에 시험은 꼭 필요하다고

생각해요. 자! 이제 다시 너가 반대 의견을 내봐!

아들: (아까보다 더 작은 개미 같은 목소리로 중얼중얼)

엄마: 아니! 제대로 해야지! 더 목소리 크게!

이렇게 토론 숙제는 끝이 났다. 아이뿐만 아니라 나 역시 토론하는 척 흉
내만 내고 있었다. 상황에 심각성을 느꼈던 나는 깊은 고민에 빠졌다.

[문제점]
1. 토론 논제의 내용만 채우기 위해 급급했다.
2. 인터넷 검색하면, 언제 어디서든 누구나 쉽게 정보를 얻을 수 있다.

3. 토론은 반박하고 싸워야 한다는 편견이 있다.

4. 또 하나의 그냥 숙제일 뿐이다.

[보완해야 하는 점]

1. 내 생각과 의견이 무엇인지 깊이 있는 사고가 필요하다.

2. 숙제나 평가를 위한 형식적인 토론은 하지 않는다.

3. 보다 시간적인 여유를 가지고 자유로운 토론이 필요하다.

그날 이후 다짐했다. 지금이라도 밥상머리 대화, 토론을 통해 아이와 소통해야겠다고.

왜 우리는 토론을 어려워할까?

세계적으로 대한민국은 학구열이 높기로 유명하다. '공부'에 대한 관심은 둘째가라면 서러울 나라가 바로 대한민국이다. 하지만 상대적으로 아이들은 토론을 어려워한다.

요즘 아이들은 부모 세대와는 다른 삶을 살고 있다. 내가 원하는 정보는 PC, 핸드폰 등 디지털 기기로 언제 어디서나 쉽게 얻을 수 있다. 아이들은 학교 수업 외에도 학원, 과외, 숙제 등으로 바쁜 일정을 소화하고 있으며,

과도한 학업 부담은 여유 있는 사고의 시간을 빼앗는 결과를 초래한다.

결국 깊이 있는 책을 읽기보다는 짧고 간단한 정보를 선호하며, 자신의 힘으로 생각하고 해결하는 경험을 쌓지 못하게 된다.

다양한 정보를 얻지 말라는 말이 아니다. 다만 **쉽게 얻는 지식은, 쉽게 날아가는 법이다.** 생각하는 능력보다 검색하는 능력이 월등히 뛰어난 요즘 아이들을 탓할 수는 없다. 그렇다고 빠르게 변화하는 요즘 시대를 탓할 수도 없는 노릇이다.

지금 현대인에게 필요한 능력은 다양한 정보를 활용하여, 자기 생각을 나만의 언어로 조리 있게 말할 수 있는 능력이 필요하다. 즉, 스스로 생각하고 토론하고 소통하는 과정이 요즘 시대의 공부법이다.

로봇과 경쟁하는 시대에 살고 있는 아이들

아들: 엄마, 나 강아지 키우고 싶어!

엄마: 뭐? 엄마는 너희 둘 키우는 것만으로도 이미 충분해. 강아지를 키우려면 씻겨야 하지~ 똥 치워야지~ 밥도 챙겨줘야 하잖아.

아들: 그럴 필요가 전혀 없는 로봇 강아지 있어. 털이 빠질 염려도 없고.

엄마: 뭐? 로봇 강아지?

아들과 나눈 대화 일부다. 하루가 다르게 세상은 변하고 있다. 바야흐로 로봇 강아지를 키우는 시대에 살게 되다니 어안이 벙벙하다.

부모 시대는 선생님 말씀은 진리요 정답이기 때문에, 개인의 생각은 그다지 중요하지 않았다. 토론의 긍정적인 경험은 극히 드물고, 사실 제대로 배워본 적도 없다. 연필로 밑줄 쫙쫙 그어가며 공부했던 부모는, 영상 기기를 뚫어져라 쳐다보며 공부하는 요즘 아이를 이해할 수 없다.

어르신이 하는 말에 자기 생각을 조목조목 말하면, **말대꾸가 되는 시대!** 다수가 일치한 생각에 반대 의견을 내면, **유별난 사람으로 취급받는 시대!** 끝나가는 수업 시간에 추가 질문을 하면, **눈치 없는 사람이 되는 시대!**

부모는 그런 시대에 살았다. 스마트폰 없이 학창 시절을 보낸 어른과, 스마트폰이 없는 삶은 상상조차 힘든 아이가 '부모'와 '자녀'로 만났다. 사회는 이를 '기성세대'와 'MZ세대'로 구분한다. 더 나아가 '알파세대'까지 공존하는 시대에서 우리는 다른 시선으로 현실을 마주한다.

김밥을 말다가 '김밥을 말아주는 기계가 있으면 얼마나 좋을까?'라고 혼잣말을 했는데, 아들이 '김밥을 말아주는 똑똑한 기계'라는 유튜브 영상을 보여준 적이 있다. 이미 그런 소소한 바람쯤은 현실 속에서 충분히 실현되는 세상이다.

이미 편의점, 대형할인점에서 파는 김밥은 자동화 기계의 결과물이다. 사람보다 더 빠르고 정확하다. 오직 죽으나 사나 사람만이 할 수 있었던 영역이 차츰 자동화 기계와 로봇이 대신하는 세상이다. 미치도록 편리하지만, 마음 한편에 이런 현실이 두려움으로 다가온다.

"간단하면서도 영양적으로 균형 있는 아침 메뉴 알려줘."라고 ChatGPT에게 물어보면 계란덮밥, 콩나물국밥 외 몇 가지 메뉴와 레시피까지 친절하게 알려준다. 아침마다 고민하는 영역조차 AI기술이 대신하여 마치 사람처럼 스스로 생각하고 최적의 판단을 내려주는 시대가 온 것이다.

스스로 경험하지 못한 것을 가르쳐야만 하는 부모는 새로운 세상을 마주할 때 스트레스가 가중된다. 이제는 사람을 고용하지 않고도 성장이 이루어지는 생태가 형성되는 이 변화를 과연 우리는 어떻게 대처해야 할 것인가?

미래가 원하는 인재상은 따로 있다

새로운 문명의 출현은 우리 삶을 서서히 바꿔놓았다. 자율주행 자동차, 가상현실, 생성형 인공지능까지 만들어낸 사회의 변화는 자연스럽게 직업의 변화로 이어진다. 미래 사회는 로봇이 많은 것을 대체할 것이라고 사람들은 말하고 있다. 인공지능이 인간을 대체해 버린다니, 앞으로 사라질 직업도 당연히 존재한다.

없어질 직업 1순위는 과연 어떤 직업일까?

'반복적이고 예측할 수 있고 창의력이 필요 없는 직업'은 사라질 가능성이 매우 크다.

이미 미국은 스포츠 중계, 주식 등 뉴스 기사는 기자 대신 로봇이 쓰고 있다. 즉 데이터를 놓고 말하는 건 이미 로봇이 대신한다. 이러한 시대 변화에 막연한 우려의 목소리가 커지는 것도 사실이다. 사람의 역할을 로봇이 다 해준다니, 그럼 앞으로 우리는 아무 일도 하지 않고 자동화 세상 속에서 누리기만 할 것인가?

세상은 그리 만만하지 않다. 로봇도 결국 사람에게서 나온다. 로봇 뒤에서 부품을 만져 문제없이 작동될 수 있도록 하는 것. 그건 바로 '사람의 힘'으로만 가능하다.

변화에 대처하는 인재가 필요한 능력은

1. 생각하는 능력
2. 질문하는 능력

3. 협업하는 능력

4. 지속할 수 있는 능력이다.

세상은 점점 '생각하는 인재, 창의력 있는 인재, 토론을 잘하는 인재'를 원한다. 4차 산업혁명 시대에서 살아남기 위해 가장 중요한 것은 그 시대에 적절한 교육이다. 토론에 대한 수요는 지속해서 증가할 것이다. 더불어 대화와 소통의 중요성 또한 계속 높아질 것이다.

변화의 방향을 미리 대비한 사람들에게는 기회이고, 그렇지 못한 사람에게는 위기일 것이다.

부모는 그 움직임을 빨리 포착하는 능력이 필요하다.

현명한 부모는 아이들과 함께 이 변화를 시련이 아닌, 기회로 만드는 부모다.

밥상머리 대화와 토론! 사교육 부럽지 않다

'서울에 사는 민준이(가명) 부모는 요즘 고민이 많다. 집안의 장남인 민준이 때문이다. 초등학생 6학년 민준이는 몇 달 후, 중학교 입학을 앞두고 있다. 또래에 비해 차분하고 조용한 성격으로, 지금까지 별 탈 없이 학교와 학원을 오가며 지낸다.

어느 날 민준이 엄마는 지인으로부터 뜻밖의 이야기를 듣는다. 최근 민준이가 불량한 아이들과 어울려 지낸다는 소식을 들었다. 이후 아이의 행동을 관찰하기 시작했고, 자세히 들여다보니 그동안 보이지 않던 모습이 하나씩 보이기 시작했다.

오랜만에 학원 숙제도 잘하고 있는지 확인했다. 기본 문제조차 오답으로 표시된 과제를 보니 기가 막혔다. 현재 상황을 조금 더 정확하게 알고 싶은 마음에 학원 선생님께 전화를 걸었다. 영어 학원 선생님은 "민준이는 참 착한 아이"라는 말만 남긴 채, 아이 학업 수준을 파악조차 못 하고 있었다. 그나마 다른 학원 선생님은 민준이가 요즘 들어 집중하지 못하는 모습이 보인다며 걱정했다.

오랫동안 학원에 다녔지만, 선행은커녕 기초 문제도 모르는 상황에 화가 났다.

민준이 부모는 아이에 대한 실망감에 모든 학원을 중단했다. 학원에 가면 당연히 공부한다고 착각했던 지난날들이 후회됐다. 조금이라도 도움이 되라고 학원도 보냈건만, 이런 상태로 지속하는 건 아무런 의미가 없었다.

달라지고 싶었다. 민준이와 더 많은 시간을 보내고, 집에서 함께 책을 읽어보기로 다짐했다. 하지만 훌쩍 커버린 아이와 함께 책을 읽고 대화하는 것은 매우 어색한 일이었다. 아이와 좋은 관계를 맺고 싶은 마음에 가족 여행을 떠났다. 함께 산책하며 즐겁게 대화를 나누고 싶은 마음은 굴뚝 같았지만, 민준이는 말이 없었다.

여행 내내 시큰둥한 반응에 부모는 속상한 마음을 감출 수가 없다. 핸드폰만 만지작거리면서 혼자만의 시간을 보내고 싶어 하는 아들을 보면서 민준이 부모는 오늘도 한숨만 나온다.'

대한민국의 평범한 가정 현실 모습

대입 논술 고사의 여파로 학부모는 부담이 하나 더 늘었다. 아이가 학교에 입학하면 수학 · 영어는 기본이고, 독서 · 토론 · 논술 이름이 붙은 학원이 추가된다. 초등학교 저학년부터 읽기와 쓰기, 말하기 등 의사소통을 위한 국어 공부마저 사교육에 의존하는 시대가 된 것이다.

한국 청소년 정책 연구원에서 발표한 자료에 의하면, '아동 · 청소년 학습 시간은 9시간 38분'이란 연구 결과가 있다. 9시 출근하여 6시 퇴근하는 직장인보다 더 긴 시간이다. 대부분은 학교 수업, 학원 수업, 인터넷 강의, 과외를 받는 시간으로 활용된다. 여기서 생각해 볼 만한 문제가 있다.

대한민국 아이들은 매일 공부하고 있지만, 과연 진정한 공부를 하고 있는 걸까?

문제는 대부분의 공부 방식이 타인이 주도권을 잡고 있다는 사실이다. 내가 무엇을 알고 무엇을 모르는지 생각하는 시간은 있을까?

미국 행동과학 연구소(National Training Laboratory)에서 발표한 학습 효율 피라미드를 보면, 그동안 우리가 얼마나 비효율적으로 공부했는지 알 수 있다. 이 피라미드는 학습 방법에 따른 학습 효과를 높은 순으로 나열한 것으로, 공부한 지 24시간 이후 기억에 남아 있는 비율을 나타낸 것이다.

학습 효율성 피라미드

수동적 학습방법	5%	강의 듣기 , 강의식교육
	10%	읽기
	20%	시청각 수업듣기
	30%	시범강의 보기
능동적 학습방법	50%	토론 , 토의
	75%	실제 해보기 , 체험
	90%	가르치기 , 서로 설명하기

출처 : National Training Laboratories, Bethel, Maine

안타깝게도 많은 사람들이 시간을 투자했던 '강의식 교육'은 5%에 불과

하다. 그에 반면 토론·토의 학습 방식은 '능동적 학습 방식'으로 무려 10배의 학습 효과가 있음을 알 수 있다.

토론은 어휘 확장을 하는 데 매우 효과적이며, 독서보다 8배 효과가 높다는 연구 결과도 있다. 아이가 자신보다 지적 능력이 높은 어른과 토론하면, 어휘는 더 폭발적으로 늘어난다.

토론에 필요한 자료 정보를 탐색하면서 습득하는 어휘량도 어마어마하다.

만약, 가정에서 토론 후 글쓰기까지 자연스럽게 이어진다면 어떨까?

토론은 종합 사고력 활동의 '끝판왕'이다. 스스로 탐구하고 토론하면서 얻은 정보를 글로 쓴다면, 몇 배의 학습 효과를 얻을 수 있다. 요즘 아이들이 가장 부족하다는 문해력도 좋아진다.

교육의 패러다임이 변화하면서 앞으로 소통의 중요성은 점점 더 강조될 것이다.

밥상머리 소통은 가정에서 **내 아이의 관심사로, 때와 장소를 가리지 않고, 실제 체험까지 지속 가능한 최고의 학습 방식**이다.

사교육 현장에서는 토론의 일상화를 만들어 줄 수 없다. 밥을 먹다가도 "너의 생각은 어때?"라고 물으면서 생각을 편하게 주고받을 수 있어야 비로소 강력한 습관이 되는 것이다.

당신의 아이는 지금 얼마나 행복한가?

세상이 빠른 속도로 바뀌고 복잡해짐에 따라 너 나 할 것 없이 바쁜 시간을 보내고 있다. 아이 학원 스케줄 때문에 가족이 함께 밥 한 끼 먹는 것도 힘든 세상이다. 그 결과 가정에서 이루어져야 할 가정 교육과 인성 교육이 등한시된 채 비행 청소년 문제, 학교 폭력이라는 심각한 상황에 부닥치게 되었다.

공부, 대학 입시, 경쟁, 불안한 미래, 그리고 성공에 대한 막연한 강박관념까지, 매일 끊임없이 쫓기듯 살아가는 아이들. 정말 행복할 걸까?

지금 이 순간에도 부모들은 걱정으로 신음하고, 아이들은 방황한다.

'당신의 아이는 행복한가요?'

이 질문에 자신 있게 대답할 수 있는 부모는 과연 몇이나 될까?

물론 '제 자식 불행하게 만들고 싶은 부모가 어디 있겠냐'라는 생각이 들면서도, 성공적인 미래를 장담하기도 어려운데 행복하기까지 해야 하니, 아마 아이뿐만 아니라 부모도 그렇게 살지 못함을 느낄 수 있다.

보건복지부가 5년마다 실시하는 '아동 실태조사(2018년)'에서 아동 삶 만족도는 10점 만점에 6.57점으로, 대한민국이 경제협력개발기구(OECD) 국가 중 꼴찌였다. 전문가들은 어린이 정신 건강에 빨간불이 켜진 이유로 '과도한 학업 경쟁'과 '정서적 관계 악화' 등을 꼽았다.

유소년기는 공감과 배려 등 기본적인 사회관계를 형성할 때지만 우리 사회에서는 가족끼리 얼굴조차 보기 힘든 것이 현실이다. 초등학생 고학년이 되면 시간적인 여유가 없어서 잘 다니던 피아노, 태권도 학원부터 끊는 것이 대한민국의 현실이다.

당신의 자녀가 반항적 태도, 스트레스, 자기통제 부족의 행동을 자주 보이는 경우, 혹은 집중력 저하나 불안, 우울, 짜증 등의 부정적인 정서 상태를 많이 보여주는 경우라면 밥상머리 소통으로 아이의 마음을 되새겨 보는 기회를 만들어야 한다.

아동·청소년기는 급격한 뇌 발달이 일어나는 시기이자, 미래에 대한 준비를 시작해야 하는 시기이다. 이때 발생하는 정서·행동 문제는 앞으로의 삶에 영향을 주기 때문에 가정에서 부모의 행동은 더욱 중요하다. 이 때문에 아이의 마음, 정서 건강에 관심을 좀 더 기울여야 한다.

부모 된 도리로서 '최선'을 이야기하는 것이 아니다. 당신의 자녀가 지금 행복한가 살펴보자. 미래의 행복을 위해 지금의 행복을 놓치지 말자. 지금 아니면 대체 언제 행복할 것인지 묻고 싶다.

아이와 눈을 맞추고 아이의 마음을 들여다보는 일, 아이가 꿈꾸는 것은 무엇이며 가장 원하는 것이 무엇인지 '아이의 마음'이 되어 함께 공감하고 생각해보는 일이 부모로서 해줄 수 있는 가장 큰 선물이다. 우리가 어렸을 적 부모들에게 원했던 그 무엇을, 이제는 아이들이 우리에게 원하고 있을지도 모른다.

2) 당신이 밥상머리 소통을 못 하는 불편한 진실

누구나 하지 못하는 핑계는 있다

자녀 교육에 관심이 많은 주변 지인과 대화를 나눈 일화다. 자녀의 문해력이 걱정된다며 논술·토론 학원을 보내야 할지 한참을 고민 중이었다.

"재미있는 동화책부터 천천히 읽어보라고 하는 건 어때?"

→ "우리 애들 책 읽는 거 엄청나게 싫어하잖아!"

"그럼, 엄마랑 하루에 30분이라도 함께 책을 읽어보는 건?"

→ "나 독박 육아잖아. 밥 먹이고 치우면 책 읽을 시간이 없어!"

"아 알았어. 그러면 주말에라도 도서관에 같이 갈래?"

→ "나 운전 못 하는 거 몰라?"

"서로 의견이 다를 때 집에서 토론으로 해결해 보는 거 어때?"

→ "애들 밥 차려주는 것도 힘들어 죽겠는데 이제 토론까지 하라고?"

"어려운 내용을 붙잡고 할 필요는 없고, 가볍게 한번 시작해 봐."

→ "내가 아는 언니도 집에서 해봤는데, 엄청나게 힘들어하던데!"

밥상머리 대화, 토론을 못 하는 이유를 들어보면 다들 할 말이 많다.

'시간이 없다.', '아이가 거부한다.', '스마트폰이 문제다.', '휴일에는 바쁘다.' 이유도 다양하다.

해야 할 이유보다 하지 못하는 이유가 더 많다. 함께 이야기를 나누던 지인은 "괜히 아이와 더 관계 나빠지지 말고 학원 보내자."로 결론을 냈다.

이러한 모습에서 자녀와 소통하는 게 얼마나 힘들고, 부모의 역할을 추가한다는 게 얼마나 부담스러운지 느낄 수 있다.

하지만 이러한 양육 태도를 가진 부모는 아무것도 할 수가 없다. 그들에게 묻고 싶다.

나 스스로는 변화하지 않으면서, 자녀의 변화는 진정으로 원하는가?

나는 책 한 권 읽지 않으면서, 자녀는 책을 좋아하기를 바라는가?

나는 드라마에 빠지면서, 자녀는 게임에 빠지지 않기를 원하는가?

시간도 많고 바쁘지 않으면, 당신은 밥상머리 소통을 정말로 할 것인가?

하지 못하는 핑계를 대기 전에, 할 수 있는 방법을 찾는 자세가 필요하다.

바쁜 와중에 하지 못하는 이유도 많지만, 할 수 있는 방법도 다양하기 때문이다.

세상이 빠른 속도로 변화하고 복잡해짐에 따라 현대인은 누구나 바쁜 시간을 보낸다. AI와 공존하는 현대 사회에서 밥상머리 소통은 더욱 중요한 시점이다. 하지만 여전히 '시간이 없어서, 힘들어서, 우리 아이는 안 될 거야.'라는 부정적인 생각이 먼저 떠오르게 된다.

밥상머리 소통을 위해 따로 시간이 마련되어 있는 사람은 한 명도 없다. 하루는 24시간으로 누구에게나 공평하게 1,440분이 주어진다. 사람 마음속에는 누구에게나 보이지 않는 우선순위가 있다. 가끔은 밥상머리 소통을 최우선으로 선택해도 좋다. 선택한 날이 일주일에 한 번이어도 좋다. 하지 못하는 핑계보단 할 수 있는 방법에 대해 생각하고 작게라도 실천하자.

막상 시작하려니 부담스럽다

밥상머리 대화, 토론하겠다고 마음먹는 순간 부모들은 고민부터 털어놓는다.

"무슨 내용으로 대화하고 토론을 하죠?"
"토론을 진행해야 하는데, 어떤 순서로 해야 할까요?"
"대화할 때 아이가 딴짓하면 어쩌죠?"
"힘들게 고른 책을 아이가 재미없다고 안 읽으면 어쩌죠?"
"내가 토론하다가 막히면 난감하지 않을까요?"
"토론하면서 아이한테 뭐라도 알려주어야 하지 않을까요?"

대부분 어렵고, 부담스러우며, 대화를 끌어내야 하는 강박감이 있음을 알 수 있다. 이것이 우리가 밥상머리 소통을 하지 못하는 이유다. 너무 어렵게만 생각하기 때문이다. 이 때문에 시도할 엄두가 나질 않는다.

부모 세대는 주입식, 암기식 교육을 받고 자랐다. 누구의 탓도 아니다. 우리는 대화법을 배워 본 적도 없고, 토론은 제대로 경험한 적도 없다.

하지만 밥상머리 소통을 하겠다고 마음을 먹었다면, 위의 고민은 당장 접어두어라.

고수만 가르치라는 법은 없다. 밥상머리 소통은 처음부터 시사나 정치 경제 이야기를 하자는 게 아니다. 마치 사회자, 찬성자, 반대자가 세팅된 모습을 상상하는가? 엄숙한 분위기가 생각나서 걱정과 불안이 앞서는가? 부모도, 아이도 부담되는 대화와 토론은 절대 오래 지속될 수 없다.

토론하다 말이 막히는 문제는 당연한 게 아닌가?
우리는 대화, 토론 전문가가 아니다. 아니, 토론 전문가도 막힌다.
밥상머리 소통에는 전문가 스킬이 필요 없다.
우리는 고차원적 대화가 아닌 '일상적인 대화'부터 시작할 것이다.

일상생활 속에 경험한 이야기의 전문가는 바로 '나 자신'임을 믿어라. 잡다한 고민이 사라지고 실행력이 생길 것이다.

아직 때가 아니라고 생각한다

밥상머리 소통에 본격적으로 관심을 두기 시작한 건 아이가 초등학생 고학년이 된 이후다. 동네 지인 모임을 통해 또래 주변 아이들이 슬슬 논술·토론 학원에 다니기 시작했다는 사실을 알았다. 옆집 아이가 학원을 추가하니 덩달아 앞집, 뒷집 엄마들이 초조해하는 눈치다.

토론을 배우기 적절한 시기는 과연 언제일까?

서로 말이 통하고, 배경지식도 어느 정도 쌓여있는 중학생이 되면 적절할까? 개인차는 분명 존재하고, 토론을 어떻게 규정하느냐에 따라 답변은 달라진다. 논제를 두고 대립하는 경쟁 토론이라면 초등학교 고학년은 되어야 한다는 일반적인 인식이 맞을 수도 있다. 하지만, 밥상머리 소통에서 토론을 시작할 수 있는 적정 나이란 없다.

사실 어린 자녀를 키우는 부모에게 토론은 먼 훗날 이야기다. 나 또한 그랬다. '아직 말도 안 통하는데 토론이 가능할까?'라는 의구심으로 시도조차 하지 않았다. 당시는 피아노, 태권도, 미술 등 예체능이 최우선이요, 아직은 여유 있다는 안도감이 있었기에 그 시절을 지나쳤다.

그렇게 아이는 초등학생 고학년이 되었다. 하지만 이후, 사춘기에 접어든 아이는 묻는 말에는 단답형 대답으로 일관하고, 혹여나 길게 말할 때는 반항하는 말투를 유지했다. 도저히 토론을 이어 나갈 수 없게 됐다.

중 · 고등학생이 되니 상황은 더 안 좋아졌다. 빡빡한 학원 일정으로 밤늦게 들어오는 아이에게 토론은커녕 요즘 근황을 물어보는 것조차 눈치가 보였다. 결국 사교육 보내는 것으로 불안한 마음을 달랬다.

보통 대한민국 아이들은 이렇게 성인이 된다. 취업하려고 하니 면접 형태가 토론 방식이다. 급한 마음에 뒤늦게 준비하려 하지만, 무엇부터 어떻게 해야 하는지 세상 난감하다.

결론부터 말하겠다. 때를 기다리지 말아라.

밥상머리 대화, 토론하기 딱 좋은 때는 바로 '지금'이다.

토론의 기본은 '대화'다. 아이가 유치원생이면 일상적인 대화부터 시작하면 된다. 사춘기 자녀는 이해와 공감의 소통으로 다가가면 된다. 이 시기야말로 '생애 2번째 애착'을 형성할 기회이다. 중·고등학생에게는 주말을 활용하고 월 1회 가족 독서 토론의 날을 지정하여 진행하면 좋다.

결국 부모의 의지 문제이다. 가정환경마다 다르기 때문에 옆집을 따라 하거나, 최적기를 따지지 말고, '지금부터 무엇을 할 것인가'를 생각하자. 집안 분위기와 아이의 성향에 따라 우리 가족 밥상머리 대화, 토론 스타일을 정하자. 적절한 대화 주제로 아이가 흥미를 느끼는 게 가장 좋은 방법이다.

어려운 게 아니다, 그저 방법을 모를 뿐이다

부모는 기본적으로 '아이를 잘 키워야 한다'라는 심적 부담감이 있다. 인간은 엄마 뱃속에서 나오는 순간 우는 것 외에, 아무것도 할 수 없었던 나약한 존재가 아니었던가. 부모는 그동안 대소변 가리는 법, 숟가락 들고 밥 먹는 법 등 무수히 많은 것을 가르쳤다. 이제는 자녀와의 소통을 통해 토론도 가르치려고 하니, 가슴 속이 답답한 것이다.

가르치려고 마음먹으니, '혹시 내가 모르는 것을 질문하지 않을까?', '완벽하게 준비한 다음에 시작해야 하지 않을까?'라는 부담감이 밀려온다. 대화법이나 토론법을 가르치는 영역이라면, 부모가 먼저 완벽히 숙지해서 전달하는 게 맞는 말이다.

하지만 밥상머리 소통은 그럴 필요가 없다. 스킬보다 마음을 나누는 밥상머리 소통은 부모가 하는 말을 자연스럽게 듣고 따라 하면서 익히게 되는 것이다. 부모가 따로 가르치지 않아도 매일 자연스럽게 소통하는 환경을 만들어주는 게 더 중요하다.

> 친구를 때리는 행동이 왜 나쁜 것인지 함께 생각하기
> 집안 물건 잘 정리하는 법 알려주고 함께 실천해 보기
> 교과서에 모르는 단어 함께 찾아보기
> 신문 함께 보며 시시각각 변화하는 세상 이야기하기

밥상머리 소통은 학습보다 가족 간에 서로 생각을 공유하고, 서로를 이해하기 위한 활동에 더 가깝다. 누구나 부담감을 느낄 정도로 그리 거창한 것이 아니다. 내 옆에 아이들이 있고, 마주할 수 있는 시간만 있다면 누구나 가능하다.

아이와 함께 매일 조금씩 실천하는 행위에 의미를 두자. 하면 할수록 서

로를 더 깊이 이해할 수 있고 정서 발달에 도움이 된다. 간혹 부모가 잘 모르는 부분으로 소통해야 한다면, 함께 찾아보면 된다. 밥상머리 소통은 부모와 아이가 함께 배워가는 과정이다.

느려도 좋다. 실수해도 괜찮다.

어려운 게 아니다. 그저 방법을 모를 뿐이다. 익숙하지 않을 뿐이다.

남들도 처음부터 완벽히 실행하는 사람은 없다. 아이와 소통하고자 하는 의지가 있고, 조금만 부지런해진다면 충분히 할 수 있다. 아이와 함께하는 과정 자체를 즐기는 자세가 가장 중요하다.

밥상머리 소통의 모든 과정은 '아이와 함께 배우고 성장하는 순간'임을 잊지 말자.

3) 밥상머리 소통에 대한 믿음 갖기

토론에 대한 편견은 부숴버리자

아직도 토론하면 '어려운 논제로 딱딱하고 재미없는 이야기를 나누는 것'이라는 편견을 갖고 있는가? 나 역시 그랬다. 밥상머리 소통을 하기 전까지 토론은 정치인들이 서로를 비난하면서 열띤 논쟁을 펼치는 것으로 생각했다.

> **토론이란?**
> 어떤 문제에 대하여 여러 사람이 각각 의견을 말 하며 논의함
> 어떤 문제에 생각이 다른 두 편이 논리로 맞서는 것

토론은 감정을 내세운 말싸움과는 다르다. 우리가 토론이 어렵고 특별한 것으로 생각하는 이유는 주제가 어렵고 특별한 경우에만 토론이 진행된다고 오해하기 때문이다. TV에서 나오는 100분 토론, 정치인들의 날카로운 토론 과정을 보면서 그 생각은 더 깊어진다.

'밥상머리' + '토론'이라는 단어를 합친 '밥상머리 토론'이라는 콘텐츠를 개발하고, 실제 프로그램을 공개하기 전까지 난관이 많았다. 사람들 인식에 토론은 어려운 것! 딱딱한 것! 이라는 생각이 있기에, 수강 신청 접수율이 저조했기 때문이다.

토론이라는 용어는 새로운 것이 아니다. 자녀가 초등학생 고학년이 되면 자연스럽게 논술과 토론 학원을 찾는다.

실제로 밥상머리 토론 수업을 권유받은 부모는 "이제 하다 하다 집에서 토론까지 해야 하나요?"라며 손사래 치며 거부한다. 자녀를 키울 때 신경 써야 할 부분이 많은데, 더는 늘리고 싶지 않은 마음이다. 충분히 이해한다.

하지만 밥상머리 소통을 실천하면 할수록, 그 어떤 육아법보다 자녀와의 갈등을 효과적으로 해결하는 방법이라는 걸 알 수 있게 된다. 나아가 지식 습득 및 표현력, 창의력까지 얻는 최고의 방법이다.

사람은 태어나 혼자인 경우는 거의 없다. 가장 먼저 부모와 한집에서 살게 된다. 태어나자마자 아이는 부모에게 일방적인 보살핌을 받는다. 먹을 것도 스스로 선택할 수 없다. 하지만 그 일방적인 관계는 그리 오래가지 않는다.

부모가 골라준 옷을 입지 않겠다고 거부하고, 주말 외식 메뉴도 만장일치로 결정되기 힘들다. 사춘기가 되면 사소한 작은 일도 사사건건 부딪친다. 이쯤 되면 아이와 부모는 말이 안 통한다고 답답함을 호소하며 서로를 원망한다.

이를 해결하는 가장 합리적이고 온화한 방법은 **대화와 토론을 통해 소통하는 것**이다.

우리는 해보지 않은 것에 대해 '안 될 것'이라는 생각을 하기 쉽다. 바로 눈에 보이는 결과가 나오지 않으면 비관하거나 부정한다. 이러한 과정 끝에, 부모는 아이와 함께할 수 있는 소중한 시간과 추억을 쌓을 기회를 잃게 된다.

토론과 소통이란 단어에서 오는 느낌은 다소 딱딱하고 어려울 수 있으나, 거창하게 시작할 필요 없다. 밥상머리에서 일상적인 대화를 보다 정성스럽고 의미 있는 대화로 이어가자는 뜻이다.

매일 신문 기사의 주제 한두 개로 각자의 의견을 말하는 습관만 들여도 몇 년간 쌓이면 놀라운 능력이 축적된다. 저녁 식사 메뉴 고르는 일, 여름 휴가지를 선택할 때, 매일 입는 옷 스타일을 고를 때도 사소한 일이지만 토론의 상황은 찾아온다.

즉, 일상적인 주제로도 충분히 소통은 가능하다. 부모의 일과를 통해 직업의 세계를 알아보고, 사회적 관심 주제들로 대화하면서 미래의 꿈에 도전하는 큰 아이로 성장시킬 수 있다.

부모의 생각보다 아이는 의외로 잘한다

아이가 초등학생 5학년 시절, 경기도 부천교육청이 주관한 '초등학생 연합 토론 한마당'이 열린다는 소식을 접했다. 이전에는 무심코 지나쳤던 내용이 신기하게도 밥상머리 소통에 관심을 둔 이후부터 관련 정보가 쏙쏙 내 눈에 들어왔다. 참여하면 좋은 행사인 건 분명하지만 망설여지는 것도 사실이었다.

'소심한 아이가 과연 한다고 할까?'
'3인 1조인데, 함께 참여할 친구 섭외도 해야 할 텐데.'
'논술, 토론 학원에 다니는 실력자들이 신청하지 않을까?'
'괜히 신청했다가 떨어지면 어쩌지?'

순간 부정적인 생각이 가득했지만, 밥상머리 소통을 통해 얻는 내면의 힘으로 긍정적인 이유도 찾았다. '한번 도전해 보자고 이야기나 해보자!' 엄마의 제안에 아들은 큰 용기를 내주었고 독서 토론 프로젝트 참여를 위해 단계별로 준비했다.

독서 토론 프로젝트에 참여하기 위해 준비한 것은

1) 초등학생 연합 토론 프로젝트 이해하기 (일정 확인 및 준비할 사항 체크)

2) 3인 1조 구성으로, 함께할 친구 섭외하기

3) 온 가족이 함께 독서 토론 선정 책 읽어보기

4) 참가 신청서 함께 생각하고 작성하기

   - 참가 이유, 자신의 배움과 삶에서, 교실 독서 토론의 효용이나 가치

5) 사전 모임 참석하기

6) 최종 대면 토론 캠프 참여하기

아이는 긴 여정 끝에 독서 토론 캠프에 참여했고, 언론 기사 보도 자료를 통해 늠름하게 행사에 참여하는 아이 모습을 볼 수 있었다. '소심한 아이가 과연 할 수 있을까?'라는 걱정과 고민이 사라지는 순간이었다. 행사가 끝난 후 아이는 흥분된 모습으로 나에게 이런 말을 남겼다.

"엄마! 토론이 너무 재미있어!"

내가 듣고 싶었던 최고의 말이었다. 아이가 토론이라는 것에 흥미를 느끼기 시작한 것이다. 학교 공지문에 올라온 초등학생 연합 토론 프로젝트!

사소한 일도 남의 일이 아닌, 내 아이의 일로 만드는 건 엄마의 관심과
노력이었다.

의미 없는 노력은 없다

유명한 발명가인 토머스 에디슨은 전구를 발명한 위대한 인물이다. 하지만 전구를 발명하기까지 시행착오를 1,014번이나 거쳤다는 말에 이렇게 대답했다.

"나는 1,014번 실패한 것이 아닙니다. 작동하지 않는 방법을 발견하는 데 1,014번이나 성공한 것이지요."

실패하지 않고 이루어지는 성공은 없다. 실패가 두려워서 해볼 생각조차 하지 않는다면, 성공은 꿈같은 이야기에 불과하다. 우리는 실패가 아니라, 아무것도 하지 않는 나의 모습을 두려워해야 한다.

밥상머리 소통 콘텐츠 개발을 위해 아이디어를 짜내고 있을 때의 일이다. 가정에서 다양하게 활동하는 밥상머리 소통의 성공 사례를 보여주고 싶었다. 대화와 토론의 성공 원인과 실패 원인을 분석하는 중에 "밥상머리 소통의 성공 기준이 뭐죠?"라는 질문을 받았다.

순간 머리를 띵 맞는 기분이 들었고, 동시에 깊은 고민에 빠졌다.

밥상머리 소통 성공의 기준은 과연 누가 정하는 것이며, 누가 판단을 내리는 것인가? 부모의 질문에 정확한 답변을 했다면 성공한 것인가? 저마다 아이 성향도 다르고, 언어 능력도 다르고, 가정 환경도 다른데, 콘텐츠 개발에 눈이 멀어, 성공하는 법에만 집중했다. 솔직히 나조차 성공했다고 딱히 내세울 만한 사례도 없었다.

밥상머리 소통의 성공과 실패를 정의하는 순간, 부담감은 커졌고, 정작 성공과 실패를 논하는 것에 대해서는 미궁으로 빠져버린다는 사실을 뒤늦게 깨달았다. 여러 가지 시도를 해봤던 경험들은 아이를 다시 이해할 기회가 되었다.

밥상머리 소통은 기본적으로 일상 대화로 시작하기 때문에 기분, 행동, 생활 습관이 많은 것을 좌우한다. 특히 부모의 마음가짐에 따라 흐름이 달라질 수 있다. 아이가 대답에 머뭇거리는 모습에 초조해하고, 생각을 똑바로 말하라고 다그치는 상황이 이어진다면, 그 누구도 원활한 소통을 유지하기 어렵다.

'작은 순간들이 모여 큰 변화를 만든다.'

부모로서의 작은 노력이 쌓여 아이에게 큰 변화를 불러온다. 예를 들어, 아이와 함께 책을 읽는 시간, 놀이 과정을 통해 함께 웃으며 고민을 들어주면 아이에게 큰 힘이 된다. 이러한 절대적인 시간은 아이에게 안정감을 주고, 신뢰 관계를 형성하는 데 중요한 역할을 한다.

부모의 노력은 단순히 아이의 성장에만 영향을 미치는 것이 아니다. 아이와의 관계를 통해 부모는 인내심, 이해심, 그리고 사랑을 배우게 된다.

나는 육아하면서 내 인성의 밑바닥을 보았다. '내가 이것밖에 안 되는 사람이었는가?' 스스로를 자책할 정도로 육아 과정은 결코 쉬운 일이 아니었다. 하지만 아이의 고집스러운 태도나 예기치 않은 문제들로 인해 지칠 때가 있었지만, 아이가 문제를 일으킬 때마다 그 상황을 해결하기 위해 고민하고 노력했다.

밥상머리 소통 과정에서 부모의 노력은 결코 헛되지 않다. 아이와의 갈등을 해결하기 위해 서로의 입장을 이해하고 소통하는 법을 배우게 될 것이고, 아이의 질문은 부모 자신이 미처 생각하지 못한 것들을 생각하게 되고, 더 깊이 있게 고민하게 할 것이다.

부모가 아이를 가르치는 것만큼, 아이도 부모에게 많은 것을 가르친다. 이러한 과정에서 지속적인 노력은 반드시 아이와 부모의 동반 성장에 긍정적인 영향을 미친다.

생각을 바꾸자. 이제부터 밥상머리 소통에는 성공과 실패의 개념은 없다. 비록 당장은 변화가 눈에 보이지 않아도, 그 **과정에 '경험'과 '성장'만 있을 뿐이다.**

2장

밥상머리 소통의
스위치를 켜라

망설이는 부모 vs 시작하는 부모

무엇을 시작해야 할지 난관에 부딪혔어요

1) 밥상머리 소통의 계단 법칙을 이해하라

독서 토론부터 시작하면 망한다

첫째 아이가 초등학생 4학년이 되었을 때 '가족 독서 토론'이라는 것을 해보고 싶었다. '무슨 책으로 독서 토론을 해야 할까?', '요즘 아이들에게 인기 있는 책은 무엇이지?' 고민하던 찰나 눈앞에 보였던 책이 바로 『전천당』이다.

초등학생 도서관 대출 순위 1위. 초등학생 추천 책으로 유명한 책이었으나, 예전에 도서관에서 봤을 때는 정확하게 내용도 훑어보지도 않고, 글이 많고 그림은 적다는 이유로 접었던 책이다. 그 책을 몇 년 뒤 다시 마주했을 때 '남들은 잘만 읽던데, 우리 아이라고 못 읽겠어?'란 마음으로 『전천당』 책으로 '독서 토론'을 진행하겠노라 가족들에게 공식적으로 선포했다.

나는 열심히 준비했다. 독서 토론 목적으로 책을 읽으니, 마음가짐이 달라졌다. 인상 깊었던 구절은 체크하고, 함께 이야기 나누고 싶은 내용은 따로 메모했다. 그렇게 나는 '제1호. 가족 독서 토론의 활동지'를 완성했다.

이상한 과자 가게 전천당

글: 히로시마 레이코, 그림: 쟈쟈

1. 이 책의 별점은?

   ☆ ☆ ☆ ☆ ☆

(P.10) 마유미는 우울했다. 내일부터 체육 시간에 수영을 배우기 때문이다.
마유미는 수영을 하나도 못 한다. 아니 못한다기보다 물이 무서워 죽겠다.
내일부터 이런 부끄러운 모습을 친구들 앞에서 또다시 보일 걸 생각하니 정말 싫다.
'수영을 잘하면 얼마나 좋을까?'

---

2. 내가 간절히 잘하고 싶은 것은 무엇이 있을까요?

(P.30) 아무리 찾아도 과자 가게는 보이지 않았다. 상점가의 샛길은 그냥 길로 바뀌어 버려서
가게가 있던 흔적조차 없었다. 상점가 사람들도 그런 과자 가게를 본 적도 없고 모른다고
했다. 전천당이 없어져 버렸다는 사실에 마유미는 진심으로 안타까웠다.
'그 가게에 재미있어 보이는 과자가 많았는데~~. 만약 다른 아이가 그 가게를 발견하면 어떤
과자를 살까? 그리고 그 과자는 어떤 신기한 마법을 보여줄까?'

---

3. 여러분이 전천당을 발견하여 과자를 살 수 있다면, 어떤 모양의 과자일까요?
   그리고, 그 과자에는 어떤 신기한 마법이 숨어 있을까요?
   (과자의 모습을 상상하여 그려볼까요?)

(P.62) "역시 그랬군. 그랬던 거야"

미키는 설명서를 읽고 나서야 최근에 있었던 이상한 현상을 이해했다.

그러니깐 <헌티드 아이스크림>을 먹다가 남긴 바람에 이곳은 유령의 집이 된 것이다.

이유를 알고 나니 전혀 무섭지 않았다. 원래 공포 영화를 아주 좋아하는 데다 집 안에서 유령을 볼 수 있다니. 오히려 흥미진진해서 기대되었다.

4. 유령의 집을 피하고 싶다면, 아이스크림을 전부 다 먹는 해결 방법이 있습니다. 다시 이전으로 돌아갈 기회 나였으면, 어떤 선택을 할까요?

(P.94) 노리유키는 마음이 상했다. 오늘도 점장한테 실컷 욕을 먹었다.

노리유키는 미용사이다. 요즘 들어 노리유키는 초조해서 미칠 지경이다. **나이는 벌써 스물아홉 살이나 먹었다.** 학교 동창들은 점장이 되기도 하고, 멋지게 자기 미용실을 차린 녀석들도 있는데. 자신은 아직도 막내 취급이나 받고 있다니. 이건 너무 가혹하다.

5. 나의 29살은 어떤 모습일까요? (성인은, 나의 29살 시절을 생각해볼까요?)
   - 직업, 결혼 여부, 자식 유무, 사는 곳, 그때 무엇을 위해 가장 노력하고 있을까요?

(P.99) 주인의 목소리는 깊고 달콤하게 노리유키의 마음속까지 울렸다.

노리유키는 자신의 바람을 속 시원하게 털어놓았다

"유명해지고 싶어요. 누구한테도 트집 잡히지 않는 그런 거물이 되고 싶어요. **뭘 해도 칭찬받는 그런 사람이 되고 싶어요!**"

노리유키가 여태 쌓인 감정을 내뿜듯이 외치자 주인은 고개를 끄덕였다.

6. 지금까지 받은 칭찬 중에, 가장 기분 좋은 칭찬은 무엇인가요?

7. 앞으로 어떤 내용으로 칭찬을 받고 싶나요?

8. 우리 가족에게 서로 칭찬해줄까요?

엄마: 지금부터 우리 가족 독서 토론을 할 거야. 모두 박수! 먼저 책을 읽은 소
　　　감부터 한 명씩 말해볼까?

시작부터 쉽지 않았다. 아들은 애써 만든 활동지 빈 곳에 똥을 그리기 시
작했다. 딸은 그런 오빠를 보며 키득키득 웃기 시작했고, 시간이 흐를수록
대화 내용은 점점 산으로 흘러갔다. 시종일관 단답형으로 대답하는 아이에
게 부글부글 화가 치밀어 올랐고, 나중에는 어처구니없는 답변에 실없는
웃음만 나왔다. 순간 깊은 고뇌와 다양한 감정이 밀려왔다.

[부모의 부정적인 감정]
- 왜 이렇게 집중을 못 하지?
- 과연 이렇게 하는 게 맞는 걸까?
- 성의 없이 대답하니 점점 화가 치밀어 오르네
- 애써 힘들게 자료 준비했는데, 내가 이 꼴 보려고 열심히 준비했나?
- 다음 독서 토론은 어떻게 준비해야 할지, 벌써부터 머리가 아프네
- 그냥 하지 말까? 그냥 전문가에게 맡기는 게 속 편할 거 같은데

[부모의 긍정적인 감정]
- 그래도 시도를 하니, 뭔가 해낸 거 같네
- 아이들의 생각을 들을 수 있었네

- 남편이 29살 때는 고시원에 살았구나! 몰랐던 사실을 알게 되었네
- 첫 시도라 다소 우왕좌왕했지만, 앞으로는 더 나아지겠지
- 부모랑 이렇게 독서 토론하는 아이는 별로 없을 거야! 아이들이 은근히 좋아할 거야!

그렇게 우리 집 첫 독서 토론은 끝이 났다. 도서관에 가면 '연령별 권장 도서' 목록이 있다. 하지만 무턱대고 권장 도서로 독서 토론을 시작하면 안 된다.

많은 부모는 좋은 책을 다양하게 읽히려는 욕심에 '추천 도서 목록', '학년별 필독서' 위주로 책을 고른다. 하지만, 아이의 관심과 흥미를 고려하지 않고 토론을 시작한다면 난감하고 힘든 상황에 마주하게 된다.

결국 독서 토론의 부정적인 경험은 '토론은 어렵고 힘든 거구나!', '역시 부모가 아이를 직접 가르치는 것은 아니야.', '토론 · 논술학원이 괜히 있는 게 아니지.'라는 부정적인 결론에 이르게 한다.

미취학 아동, 초등 저학년은 아이가 읽고 싶은 책 위주로 고르는 것이 좋다. 무슨 책을 읽는지가 중요한 게 아니라, 독서에 재미를 붙이는 것이 중요하기 때문이다. 누구나 자신이 관심 있는 분야를 가지고 대화할 때 신명 나고 할 말이 많아지는 법이다.

밥상머리 대화, 토론이야말로 한 걸음씩 디디며 천천히 다음 단계로 올라가야 한다. 아이는 이제 첫 계단을 오르는데, 부모가 저만치 위에서 빨리 오라며 재촉해서는 안 된다. 무리한 속도를 내다가 중간에 넘어져 포기할 수 있기 때문이다.

밥상머리 소통=독서 토론이 아니라는 사실을 기억하자.

가벼운 대화부터 시작하라

아들: 엄마, 어디 가?

엄마: 아니.

아들: 근데 왜 화장해?

엄마: 맨날 했잖아! (먼저 방에서 나가버림)

아이의 질문에 성의 없이 대답했던 나의 모습이다. 위층 이웃이 누수 문제로 우리 집 천장까지 물이 새는 바람에 보상 문제로 잠깐 내려온다길래 눈썹을 그리고 있던 찰나였다. 평상시보다 일찍 화장하고 있는 엄마의 모습에 궁금한 아이는 나름대로 대화를 시도한 것이다.

'아이의 질문에 왜 이리 성의 없이 대답했을까?'

'엄마의 상황을 좀 더 자세히 설명하면 좋지 않았을까?'

평상시 '무슨 내용으로 아이에게 질문을 할까?', '어떤 주제로 토론을 하지?' 고민하다가 지쳐서 그냥 넘어가는 날들도 많다. 하지만 아이가 대화를 시도했음에도 불구하고 부모가 미처 그 순간을 포착하지 못하고 지나치는 경우가 많다.

깊은 반성과 동시에 아이에게 다가가서 엄마가 왜 아침부터 눈썹을 그렸는지 이유를 말해주었다. 뒤늦은 행동이었지만 사소한 나의 행동을 의식하며 변화하고 있었다.

밥상머리 소통은 꼭 특별한 주제가 아니더라도 가볍게 다룰 수 있는 이야기로 시작하는 것이 좋다. 또한 자녀가 어릴수록 어렵지 않고 일상생활에서 쉽게 찾을 수 있는 소재로 선택해야 한다. 이 시기는 **눈에 보이는 것, 경험하는 모든 것이 '질문거리'가 되고 '대화의 소재'가 될 수 있다.**

함께 밥을 먹으며 오늘의 날씨나 간단한 일상 이야기를 나누는 것도 좋은 방법이다. TV 프로그램에 대한 감상, 학교나 직장에서 있었던 에피소드. 그 무엇도 좋다.

이러한 작은 대화들이 쌓여 더 깊고 의미 있는 대화로 이어질 수 있다. 더 나아가 신문과 뉴스를 통해 세상 엿보기, 영화 속 인물로 살아보기 등 다양한 상황을 간접 경험하며 다양하게 소통할 수 있다.

[사소한 대화·토론 주제들]

- 공부하기 싫을 때 어떻게 해야 할까?
- 박물관 vs 놀이동산, 주말에 딱 한 곳만 갈 수 있다면 어디가 좋을까?
- 친해지고 싶은 친구가 나에게 관심이 없다면 어떻게 하나?
- 친구가 나쁜 행동을 하자고 권유했을 때 어떻게 해야 하나?
- 화가 날 때는 어떻게 하면 좋은가?
- 학원에 다니는 이유는 무엇일까? 학원은 진정 나에게 도움이 될까?
- 내가 하고 싶은 일을 부모님이 반대한다면, 나는 어떻게 해야 할까?

사소한 질문과 대화를 반복하는 동안 아이의 뇌에는 놀라운 자극이 일어난다. 자녀의 나이에 따라 대화의 수준이 달라지지만, 반드시 주의해야 할 공통점은 있다. 상대가 알아듣기 쉽게 표현하고, 아이가 나와 다를 수 있다는 것을 존중해야 한다.

또한 여러 가지 소재로 대화를 나누면서 아이가 자기 생각과 의견을 자유롭게 표현할 수 있도록 자신감을 길러주면 된다. 이런 상황들이 지속해서 축적되어야 어떤 순간에도 원활하게 자신의 의견과 생각을 이야기하는 소통 능력을 키울 수 있는 것이다.

밥상머리 소통은 평범한 부모도 누구나 쉽게 접근이 가능하다. 가정에서 활용 가능한 대화와 토론 주제는 무궁무진하기 때문이다. 그동안 찾지 않았을 뿐이다.

대화 소재를 찾는 방법 중 가장 필요한 건 '경청'과 '관찰'이다.

당신 옆에 항상 메모지를 준비하라! 포스트잇도 좋다. 핸드폰의 메모 기능도 좋다. 불현듯 떠오르는 영감을 나중에 기억할 수 있을 정도로 간단한 단어, 또는 문장을 기록하면 된다.

효율적으로 소통하는 방법은 따로 있다

아들의 고질적인 비염 증상으로 병원을 찾아간 날이었다. 평일임에도 불구하고 2시간 이상 대기해야 하는 상황이었다. 대기 중간에 아이가 학원을 다녀와도 되는 상황이었기에 살짝 고민했지만, 간만에 아들과 특별한 시간을 만들기로 했다.

인근 백화점에서 좋아하는 게임기도 구경하고, 수제 햄버거도 먹었다. 평상시에는 꼭 필요한 물건 외에는 사주지 않았지만, 그날만큼은 아이가 사고 싶어 하는 캐릭터 매트도 흔쾌히 사줬다. (세상 필요 없었던 물건이었지만 두 눈 꾹 감고 사주었다.)

비록 짧은 시간이었지만, 집으로 돌아오는 길에 아이의 표정은 밝았다.

항상 엄마, 아빠, 동생과 함께 4명이 움직였던 일상과는 또 다른 경험을 한 것이다.

즉, 둘만의 추억을 만든 것이고, 이는 훗날 아이와 대화의 소재로 연결될 것이다.

'대화의 연결고리를 만들어라.'

사람은 함께 했던 추억, 비슷한 취미나 직업, 공통 관심사, 그리고 동일한 환경에 함께 놓여 있을 때 할 말이 많아진다. 그게 바로 10년 만에 만난 친구와 어색함 없이 이야기꽃을 피울 수 있는 이유다. 그것이 바로 '대화의 연결고리'다.

한 사람이 태어나면 엄마와 아이는 한 몸이라도 해도 과언이 아니다. 삼시 세끼는 물론이고 눈 뜨는 순간부터 눈 감는 순간까지 붙어있다. 하지만 시간이 흐르면 상황은 점점 달라진다. 아이가 학교 또는 학원에 있는 시간이 더 길어지고, 자연스럽게 가족보다 다른 집단 사람들과 교류하는 시간이 늘어난다.

즉, 자신만의 세계가 생성된다. 부모보다는 말이 잘 통하는 친구와 함께하길 원하고 그런 현실을 마주하는 부모는 서운함을 감출 수가 없다.

자녀와 점점 할 말이 없어진다면, 관심사가 다르고, 함께 일상을 공유하는 기회가 줄어 '대화의 연결고리'가 없어진 결과이다.

[관계 대화의 5단계 원칙]

0단계: 말이 오가지 않는 관계입니다. (친분이 없는 단계)

1단계: 말을 트는 단계입니다. (이제 막 친분을 쌓는 단계)

2단계: 밥을 같이 먹는 단계입니다. (친분 있는 지인)

3단계: 취미를 공유하는 단계입니다. (지인을 넘어 친구가 되는 관계)

4단계: 고민을 나누는 단계입니다. (친구보다 절친 관계)

5단계: 성을 이야기하는 단계입니다. (최고 절친 단계)

출처: 손경희, 『아들과의 대화법』, 길벗

당신은 자녀와 관계 대화 중 몇 단계에 해당하는가?

안타깝게도 요즘 부모는 부모대로 바쁘고, 아이는 아이대로 빡빡한 학원 스케줄로 함께 마주하는 식사 시간마저 제각각인 경우가 많다. 단순히 밥을 형식적으로 같이 먹는 사이에서 벗어나 긍정적인 관계 형성을 위해 단계별로 꾸준한 노력이 필요하다.

[관계 대화 3단계] 부모와 아이가 취미를 공유하는 단계이다. 함께 공유

하는 취미가 있어야 한다. 특히 남자아이의 경우 취미가 게임인 경우가 많다. 하지만 대부분의 부모는 게임을 하는 아이를 좋아하지 않는다. 오히려 게임을 하는 아이를 다그치고 화를 낸다. 하지만 아이가 몰입하고 좋아하는 그 영역에 가끔은 부모가 함께 즐길 필요가 있다. 아이와 함께 게임을 하면 엄마를 더 편하게 대하고, 게임 시간을 어느 정도로 정해야 할지도 아이와 터놓고 이야기할 수 있는 장점이 생긴다.

[관계 대화 4단계] 고민을 나누는 단계이다. 아이에게 무언가 고민이 생겼을 때 가장 먼저 부모가 떠올라야 한다. 아이가 고민을 털어놓았을 때 "별것도 아닌데 고민하고 있니?", "네가 그렇게 행동했기 때문에 이런 거야."라고 아이를 혼내거나, "엄마가 다 알아서 해결해 줄게."라고 섣불리 나선다거나 하는 예는 없어야 한다. 아이가 고민을 이야기했을 때 엄마에게 기대하는 말은 바로 공감일 것이다. 아이의 고민을 이해하고 "그렇구나.", "그동안 매우 힘들었겠구나." 등 고민하는 심정에 대한 순수한 이해와 깊은 공감이 필요하다.

[관계 대화 5단계] 성을 이야기하는 단계이다. 대부분 부모는 남성·여성의 차이점, 몸의 변화에 대한 지식 전달에도 어려움을 느낀다. 기본 생활습관처럼 일상적이고 자유로운 분위기에서 성교육을 진행해야 성 정체성이 생기게 된다. 그렇다면 언제 성에 관해 대화하면 좋을까? 아이가 물어

보거나 관심을 보일 때, 놀이할 때, 잘 때, 씻길 때, 마사지해 줄 때, 관련된 책을 읽을 때, 즉 언제 어디서든 성에 관한 대화는 이뤄질 수 있으며, 아이마다 관심을 두는 시기는 개인차가 있음을 기억하는 것이 좋다.

관계 대화의 단계는 아이의 나잇대에 따라 비례하지 않는다. 오히려 사춘기에 접어들수록 단계가 낮아지는 경우가 있다. 아이가 엄마와의 대화를 거부하고 입을 다물고 있으면 [0단계]와 가깝다.

아이는 특별한 이유 없이 대화를 거부하거나 입을 다물지 않는다. 부모와 자녀와의 대화가 일방적인 지시형, 명령형이 주를 이루고 있지 않은지 점검할 필요성이 있다. 아이의 행동을 일일이 체크하는 감시형 대화는 결국 아이의 입을 다물게 만든다.

만약 이런 상황이라면 부모는 [1단계]부터 복원해야 한다.

2) 질문 속에 답이 있다

질문을 안 하는 게 아니라 못하는 것이다

'오바마에게 아무 질문도 못 하는 한국 기자들'이라는 영상이 화제였다. 2010년 9월 G20 서울 정상회의 폐막식에서 버락 오바마 미국 대통령이 한국 기자들에게 질문을 받는 장면이다.

> "한국 기자들에게 질문권을 드리고 싶군요. 누구 없나요?" 그 순간 정적이 흐른다.
>
> "실망시켜 드려서 죄송하지만 저는 중국 기자입니다. 제가 아시아를 대표해서 질문을 던져도 될까요?" 그러나 오바마는 그의 말을 자른다. 그건 한국 기자들이 질문하고 싶은지에 따라 결정된다면서 한국 기자들을 향해 "아무도 없나요?"라고 재차 묻는다. 아무도 나서지 않자 정적이 흐르고 오바마는 난감한 듯 웃으며 결국 질문권은 중국 기자에게 돌아갔다.

실제로 이 사건은 당시에도 큰 화제를 불러일으켰다. 물론 오바마가 질문을 받을 거라고 예상하지 못했던 돌발 상황이었다. 그리고 미국 대통령에게 돌발 질문을 던진다는 중압감과 모든 시선이 자신에게 집중된다는 부담감이 있었을 것이다.

우리나라 사람 중에 오바마의 연설 현장에서 과연 질문을 던질 수 있는 사람은 얼마나 될까? 과연 질문을 하지 않는다고 요즘 아이들을 탓할 수 있을까?

질문하지 않는 아이들, 궁금하지 않은 아이들

2000년도 이전에 학창 시절을 시절 보낸 부모들은 주입식 교육의 끝판왕을 경험한 사람들이다. "한국에서는 수업 시간에 질문을 하면 경멸까지는 아니더라도 비난의 대상이 될 수 있어요."라는 우스갯소리가 있다. 빽빽한 교실. 이론 전달 수업. 선생님의 말씀은 곧 진리요 정답이다. 그대로 외우면 되니깐 질문해야 할 이유가 없다.

사례 1: 자신감 부족으로 인한 어려움을 겪는 아이

하정이는 학교에서 가장 조용한 아이 중 하나입니다. 수업 시간에 손을 들어 질문을 하거나 의견을 표현하는 일이 거의 없습니다. 토론 시간에는 더욱 움츠러들고, 자신의 의견을 제대로 표현하지 못합니다. 한 번은 교사가 주제에 대해 물어봤을 때, 하정이는 얼굴이 빨개지며 제대로 말하지 못했습니다. 하정이의 부모는 그가 집에서는 말을 잘하는 편이라, 학교에서 왜 그런지 이해하지 못했습니다. 하정이는 학교에서 다른 친구들이 자신을 비웃거나 실수할까 봐 두려워하는 마음이 큽니다.

사례 2: 생각을 체계적으로 정리하는 데 어려움을 겪는 아이

수연이는 발표 주제에 대해 많은 생각이 있지만, 이를 효과적으로 정리하고 표현하는 데 어려움을 겪습니다. 수업 중에 발표할 때면, 말을 더듬거나 중간에 멈춰버리는 경우가 많습니다. 수연이는 머릿속에 많은 생각이 뒤엉켜 있어 무엇을 먼저 말해야 할지 몰라 당황해합니다. 부모는 수연이가 수업에 참여할 때마다 긴장하는 것을 보고 걱정이 됩니다.

사례 3: 또래 압박으로 인한 어려움을 겪는 아이

현우는 토론 시간에 적극적으로 참여하고 싶어 하지만, 친구들이 자신을 어떻게 생각할지 신경이 많이 쓰입니다. 특히, 인기 있는 친구들이 자신의 의견을 비판하거나 무시할까 봐 두렵습니다. 한 번은 용기를 내어 의견을 냈지만, 다른 친구들의 비웃음에 상처를 받고 그 후로는 더욱 말을 아끼게 되었습니다. 현우의 부모는 그가 또래 관계에서 겪는 어려움을 이해하지만, 해결 방법을 찾지 못해 답답해합니다.

질문을 못 하는 불편한 이유

- 엉뚱한 질문을 던졌다고 타박을 받을까 봐
- 나에게 시선이 집중되는 게 부담스러워서
- 상대방이 기분 나빠할까 봐
- 무엇을 질문해야 할지 몰라서

질문을 점점 포기하는 사람이 많다. 이유는 그게 편하기 때문이다. 질문을 하면 생각을 해야 하고, 생각해야 하는 상황은 바로 부담으로 다가온다. 질문이 곧 하기 싫은 공부의 연장선인 것이다. 자기 생각을 잃은 아이들은 질문을 하지 않고, 질문을 하지 않는 아이들은 자기 생각을 소유할 수 없다.

EBS는 '왜 우리는 대학에 가는가?'에서 "자신의 입을 통해 묻고 설명함으로써 자신이 아는 것과 안다고 착각하는 것이 분명해지고 자신의 진짜 생각이 키워진다."라는 결론을 내리고 있다. 질문이 사라진 요즘 사회에서 가정에서 밥상머리 소통이 절실히 필요한 대목이다.

처음부터 질문을 못 하는 아이는 아니었다

아이가 태어나서 처음으로 '엄마'라고 불러주었던 역사적인 날을 기억하는가? 무한 감동이고 세상 행복한 날이다. 이후 아이는 엄마 곁을 졸졸 쫓아다니면서 세상을 탐색하기 시작한다.

"이게 뭐야?"

4살 무렵 아들이 가장 많이 하는 말이었다. 바로 질문이다. 모든 세상이 낯설고 궁금한 아이. 호기심이 많은 아이 그 자체였다. 하지만 부모들은 아이가 너무 당연한 것을 계속 물어보면 짜증이 난다고 고백하기도 한다.

평범한 걸 질문하는 아이
엉뚱한 질문을 하는 아이
대답할 가치가 없는 질문하는 아이

어제 질문한 내용을 또 질문하는 아이

결국 부모는 질문을 소중하게 여기지 못하고 무성의하게 대답한다. 아이가 유치원에 들어가면 질문의 양이 현저하게 줄어든다. 엉뚱한 질문의 답변보다는, 정해진 시간에 정답이 있는 내용만 가르치기 때문이다. 결국 주입식 교육으로 세상에 대한 호기심과 흥미가 떨어져 "왜?", "어떻게?", "그래서?"의 문장으로 확장하지 못하고 생각은 그대로 멈춘다.

아이가 5살 때쯤, 질문이 폭발하던 시절이었지만, 정작 나는 육아에 지쳐서 대답에 소홀했다. 어이없고 황당한 질문은 대답할 가치를 느끼지 못했다. 하지만 질문의 중요성을 깨닫고 지금이라도 '질문 노트'를 만들어보자고 아이에게 권유했다.

방법은 간단하다. 매일 궁금한 사항을 적어보는 것이다. 이때 중요한 건 **질문에 대한 답변이 존재하지 않아도 된다는 사실이다.**

사례: 초등학생 3학년 질문 노트

- 지구는 얼마나 클까?

- 별은 진짜 별 모양일까?

- 우리나라 도서관에 있는 책은 총 몇 권일까?

- 천국과 지옥이 과연 있을까?

- 하루에 나오는 쓰레기량은 어느 정도일까?

- 세종대왕은 왜 한글을 만들었을까?

- 대학에 가려면 얼마만큼 공부를 해야 할까?

- 세상에서 가장 많은 동물은 무엇일까?

- 지우개는 어떻게 지워질까?

- 도둑은 왜 도둑질을 할까?

- 선풍기는 어디서 바람이 나오는 걸까?

- 애플 마크 사과 반쪽은 과연 누가 먹었을까?

아이가 **궁금한 것이 있다는 것, 궁금한 것을 물어본다는 것**은 굉장히 좋은 자세다.

아이가 적었던 내용 중 '애플 마크 사과 반쪽은 과연 누가 먹었을까?'의 내용은 아이의 상상력을 감탄하기에 충분했다. 스마트 기기에 새겨진 사과 반쪽을 보며 기능과 가격이 떠올리는 어른의 시각과는 다르다. 아이의 상상력은 그 이상이었다.

'궁금한 것을 물어보는 것', '궁금증이 생기는 것' 그 자체가 세상의 이치를 알아가는 창의적인 생각이다. 이 과정을 반복해야 더 복잡한 상황에서 생각하는 내면의 힘이 생긴다.

아이가 궁금한 것을 물어볼 때는 아이 수준에 맞게 설명해주면 된다. 혹여나 잘 모르는 내용을 질문하면 당황하거나 창피해하지 말자. 모른다고 솔직히 말하고 같이 찾아보면 된다. 모르는 것은 창피한 일이 절대 아니다.

즉각 해결할 수 없는 문제는 공책에 적어 놓고 나중에 알아보도록 유도하면 된다. 당장은 필요 없어 보이는 대답이나 질문이 많더라도 그 속에서 아이들의 창의성이 자라고 더 많은 것을 배워나갈 수 있다.

짧다. 생각보다 정말 짧다. 내 품 안에서 귀 따갑도록 "이거 뭐야? 저거 뭐야?" 물어대는 시간 말이다. 아이와 사소한 일상을 이야기하는 시간은 생각보다 짧다는 사실을 기억하자.

엉뚱한 질문이 세상을 바꿀 수 있다는 마음으로 대답해주고 또 대답해주자.

아이의 사소한 질문에 집중하라

아이가 가져온 학교 주간 학습계획표의 내용을 보고 질문한 어느 날이었다.

아이: 내일 학교에서 양성 평등 내용으로 수업한다는데, 양성 평등이 뭐야?

부모: 양성 평등? 남성! 여성! 서로 동등한 입장에서 평등해야 한다는 거지.

아이: 코로나 걸릴 때, 양성 아니었어?

부모: 하하하. 그렇게 생각할 수도 있겠구나! 우리 양성 평등에 대해 알아
      볼까?

코로나19 팬데믹 상황을 겪은 요즘 아이들은 '양성'이라는 단어를 '코로나 검사 결과로만 알고 있구나' 생각하니 아차 싶었다. 아이와 함께 '양성 평등' 개념을 알아보았다.

양성 평등이란?
성별의 권리, 의무, 자격 등이 차별 없이 고르고 한결같음
여성과 남성이 정치, 경제, 사회, 문화 등 모든 삶의 영역에서 동등한
참여를 보장받고 동등한 권익을 누려야 함

초등학생에게 사전의 뜻풀이는 다소 어려웠다. 더 쉬운 개념을 찾기 위해 인터넷 검색에 도움을 요청하니 '포스터', '웹툰'으로 어렵지 않게 아이의 눈높이에 맞는 자료를 찾을 수 있었다.

출처: 웹툰·애니메이션·웹드라마 2018 양성 평등 콘텐츠 공모전 청소년부 입선 : 패션의 고정관념

흥미롭고 재미있는 자료를 보니, 자연스럽게 이어질 대화가 생각났다.

엄마: 아직도 우리 주변에는 여자의 역할 혹은 남자의 역할을 따로 구분하는 경우가 있어. 평등하지 못한 상황에 대해 생각해볼까?

아이: 명절 때 여자는 요리하고 설거지하고, 남자들은 텔레비전을 보는 거! 그리고 여자는 집에서 애를 키워야 하고, 남자들은 밖에서 돈을 벌어야 해.

평상시에는 아이의 사소한 질문에 간단한 답변으로 끝내는 경우가 많았다. 하지만 아이의 사소한 질문에 놓치지 않으니 대화가 자연스럽게 이어졌고, 대화는 깊어졌다.

결국 2008년 호주제가 폐지가 되어 자녀가 엄마의 성을 따를 수 있게 된 역사적 사실에 대해서도 이야기를 나눴고, '남자답다 혹은 여자답다는 의미는 뭘까?', '남자답다, 여자답다는 말이 우리 삶에 어떤 영향을 줄까?'의 심도 깊은 질문을 통해 보다 심오한 대화를 이어갔다.

아이의 사소한 질문에도 유형이 있다

부모라면 누구나 아이의 질문 세례를 경험했을 것이다. "사람은 왜 눈이 두 개예요?", "이 세상에 별은 몇 개예요?"처럼 때로는 매우 간단하고 때로는 황당한 질문을 마주한다. 아이들의 이러한 사소한 질문은 단순히 호기심에서 비롯된 것이 아니라, 세상을 이해하고자 하는 강한 욕구에서 나온다.

밥상머리 소통 강의 시, 말이 너무 많은 아이 때문에 하소연하는 부모를 만난 적이 있다.

"너무 화가 나서, 아들한테 앞으로 나에게 엄마라고 부르지도 말라고 했더니, 저보고 뭐라고 하는 줄 알아요? 글쎄 저보고 알았어! 누나, 이러는 거 있죠!"

재미있는 상황에 웃음이 나왔지만, 그 아이의 재치 있는 순발력에 감탄했다. 이후에도 들려주는 아이의 모습은 보통 아이들은 표현하기 어려운 창의력이 빛나는 질문을 이어가고 있었다. 나는 내심 부러웠지만, 당사자인 부모는 아이의 엉뚱한 질문에 무척이나 힘들어하고 있었다.

여기서 짚고 넘어가야 할 부분이 있다.

과연 엉뚱한 질문의 기준은 누가 만든 것일까?

정답이 있는 질문은 좋은 질문이고, 정답이 없는 질문은 엉뚱한 질문일까?

현실 속에서 일어나지 않는 허무맹랑한 질문이 엉뚱한 질문일까?

말이 잘 통하지 않는 아이와 대화하는 것은 언제나 어려운 일이다. 하지만 대화는 언어 발달에 아주 중요한 역할을 할 뿐만 아니라 부모와의 애착 형성에도 큰 영향을 미치는 요소이다.

사례 1: 지식의 싹을 틔우는 질문

10살 된 민석이는 비 오는 날 엄마에게 물었다. "엄마, 왜 비는 위에서 아래로 내려요?" 엄마는 순간 당황했지만, 곧 미소를 지으며 대답했다. "민석아, 우리가 공을 던지면 어떻게 될까? 공이 떨어지는 이유는 지구가 공을 끌어당기기 때문이야. 이 힘을 중력이라고 불러. 이 물방울들이 땅으로 떨어지는 이유도 바로 중력 때문이야." 그러면서 엄마는 비는 구름에서 만들어짐을 설명해주었다. 이 대화를 통해 민석이는 중력의 개념과 비의 형성 과정을 자연스럽게 배울 수 있었다.

사례 2: 감정을 이해하는 질문

8살 된 지아는 발표회 전날 아빠에게 물었습니다. "아빠도 무대 위에 올라갈 때 두근두근해요?" 아빠는 잠시 생각한 뒤, 지아를 무릎에 앉히고 설명했다. "지아야, 아빠도 중요한 발표를 할 때 가슴이 두근두근거릴 때가 있단다. 그건 아주 자연스러운 일이야." 지아는 고개를 끄덕였고, 아빠는 긴장하는 마음을 잘 다스릴 수 있는 방법에 대해 이야기를 나누었다. 이 과정을 통해 지아는 자신의 감정을 이해하고, 사람들 앞에서 발표를 잘 하기 위한 방법도 배우게 되었다.

사례 3: 창의성을 키우는 질문

11살 된 민수는 수족관 안에 물고기를 보고 물었다. "엄마, 왜 물고기는 물에서만 살 수 있어요?" 엄마는 "물고기는 물속에서 숨을 쉴 수 있도록 아가미가 있어. 아가미는 물속에서 산소를 흡수하도록 도와줘. 반면에 사람은 공기 중에서 산소를 마시기 때문에 물속에서 오래 있을 수 없지."라고 답했다. 이어서 엄마와 민수는 물고기의 아가미가 어떻게 생겼는지 사진을 찾아보았다. 이 대화를 통해 민수는 물속 생태계에 대한 호기심을 키우고 흥미를 갖게 되었다.

질문은 아이가 세상을 이해하고, 감정을 조절하며, 지식을 넓히는 중요한 기회이다. 부모는 이러한 질문을 소홀히 대하지 말고, 오히려 집중하고 함께 탐구하는 태도를 가져야 한다.

아이의 질문에 부모가 진지하게 답변하면 자신의 의견과 궁금증이 존중받고 있다고 느끼게 되고 자아존중감을 높이는 데 중요한 역할을 한다. 이는 아이가 더 큰 문제나 고민이 생겼을 때 부모에게 상담할 수 있는 기초를 마련해준다.

부모로서 우리는 아이의 질문을 소홀히 대하지 말고, 오히려 아이들의 질문에 집중하고 그들과 소통하는 방법을 배워야 한다. 중요한 건 질문의 내용보다 질문에 대처하는 부모의 자세이다.

가족을 성장시키는 7가지 질문의 기술

1. 되도록 짧고 간결하게 질문하라

질문은 간결하게 하자. 아이를 배려한다고 길게 풀어서 장황하게 질문을 하면 할수록 아이는 이야기를 들으며 앞의 내용을 잊어버리게 된다. 질문이 길어질수록 내용의 난이도와 상관없이 아이들이 이해하기 어려워진다.

2. 질문 후 5초 기다리기

아이에게 질문을 하고 5초간 기다려주자. 평소 대답을 잘 못 하던 아이도 대답할 수 있는 확률은 높아진다. 대답하지 못할 때 부모들은 조바심이 생겨 빨리 이야기하라고 독촉한다. 그럴수록 아이는 입을 다물 것이다.

3. 눈을 마주치며, 적극적으로 경청하기

아이가 질문할 때 눈을 맞추고 바라보는 것은 아이에게 부모가 집중하고 있다는 신호를 준다. 아이가 말을 할 때 고개를 끄덕이거나 "응.", "그래서?"와 같은 반응을 보이며 적극적으로 경청하는 모습을 보여주자.

4. 방해 요소 제거하기

아이가 질문할 때 다른 일을 하지 않고 집중해서 들어주자. 휴대전화나 TV와 같은 방해 요소를 제거하고 아이에게 온전히 집중하는 태도가 중요하다.

5. 질문 반복하기

아이의 질문을 반복하거나 요약해서 말해주는 것은 아이가 자신의 말을 잘 이해받고 있다고 느끼게 한다. 예를 들어, "그러니깐 네가 말하는 건, 왜 하늘에서 비가 내리는지 궁금하다는 거지?"

6. 적절한 대답하기

아이의 질문에 엉뚱한 질문으로 구분하지 않고 적절하고 진지하게 답변이 필요하다. 모르는 질문일 경우 "그건 잘 모르겠네. 같이 알아보자."라고 답해도 좋다.

7. 추가 질문하기

아이의 질문에 추가로 질문해보자. 예를 들어, "왜 그런 질문을 하게 되었니?"와 같은 질문은 아이가 더 깊이 생각하게 하고 대화가 이어지도록 도와준다.

3) 소통의 걸림돌은 제거하라

대화를 거부하게 만드는 말투는 분명 있다

실제 부모 교육 중 부모가 아이에게 가장 상처를 주었던 말을 조사한 적이 있다.

- 너 바보야? 왜 못 알아들어!
- 왜 이리 아빠랑 똑같니? 나한테 말 걸지 마!
- 너랑 엄마는 진짜 안 맞아.
- 그만 좀 징징대!
- 도대체 뭐가 되려고 그래?
- ○○의 엄마 역할 이제 그만 하고 싶어.
- 됐어! 나가!
- 그만 좀 해.

우리는 살면서 유난히 힘든 과정을 마주한다. 육아하면서 가장 힘들 때가 언제인지 질문하면, 대부분의 부모는 '똑같은 말을 수없이 반복할 때'를 꼽는다.

"그만하고 밥 먹어!"

"엄마 진짜 화내기 전에 얼른 먹어라."

"야~~~~!! 홍길동!"

3단 고음으로 소리 지르고 화를 내야지만 말을 듣는 상황이 반복될수록 부모와 자녀 사이 감정의 골이 깊어지는 경우가 많다.

"공부하기 싫고, 앞으로 대학 갈 마음이 없으면, 그냥 빨리 엄마한테 말해줘! 지금 다니는 학원을 다 끊어버리게!"

"학원은 누구나 다니는 게 아니라, 꼭 필요한 사람만 다니는 거야. 가서 제대로 안 할 거면 엄마도 월 100만 원 이상 학원비를 투자할 마음이 없어."

"분명히 말하는데 우리 집이 돈이 많아서 학원비 꼬박꼬박 내는 거 아니야. 그러니 지금이라도 공부할 생각 없으면 말해. 서로 시간 낭비, 돈 낭비 하지 말자."

부끄럽지만 내가 아들에게 한 말이다. 강하게 쏘아붙이는 엄마 말에, 아이는 서운해할 만도 하다. 공부하라고 학원을 보내놓을 때는 언제고, 이제는 공부 안 할 거면 학원을 관두란다.

도대체 무엇을 바라고 포기를 유도하는 말을 한 것인가?

목적지에 도달하기 위해 우리는 다양한 방법을 모색한다. 기차를 탈까? 배를 탈까? 비행기를 탈까? 고민하는 게 아니라, 엄마인 나는…. 그 길을 차라리 가지 말자고 했다. 물론 진심은 아니었다.

걱정되고 화가 나는 마음에 꼭꼭 눌러두었던 부정적인 감정이 터져서 튕겨 나온 말이다. 사실 경제적인 사정으로 학원을 마음 놓고 보내지 못하는 상황이라 '최선을 다해 공부했으면 좋겠다'는 말을 하고 싶었다.

더 마음 깊숙한 곳에는 '공부를 할 수 있을 때 열심히 해야 훗날 더 많은 기회가 찾아오고, 하고 싶은 것을 하면서 행복한 삶을 살 수 있다'라는 뻔한 말을 하고 싶었다.

'비극은 순간이고, 기적은 오래 걸린다.'

좋은 일은 작고 점진적인 변화가 쌓여 일어나므로 시간이 걸리지만, 나쁜 일은 갑작스러운 신뢰 상실이나 눈 깜짝할 새에 발생한 치명적 실수 탓에 일어난다는 뜻이다.

부모와 자녀의 대화는 결코 녹록지 않다. 그렇다면, 부모의 어떤 말투가 자녀와의 대화를 망치는 것일까?

자녀를 멀어지게 만드는 최악의 말투를 피하라

1) 비판적이고 부정적인 말투

"너는 왜 항상 그런 식이야?"
"공부 안 한 네가 잘못이지!"
"엄마 지금 청소하는 거 안 보여?"
"국영수를 잘해야지. 그 성적으로 인서울 대학 못 간다."

부모는 아이의 고칠 점을 이야기하며 사실을 아프게 꼬집을 때가 있다. 하지만 이런 부정적인 말을 들으면 누구나 기분이 좋지 않다. 많은 부모들이 가장 흔하게, 가장 많이 쓰는 나쁜 말투로 '안 돼, 나빠, 잘못이야.'가 대표적이다. 이런 부정적인 말투는 부모의 오랜 언어습관이거나, 부모 개인의 심리적 상처 등에 기인해 나타나는 경우가 많다.

2) 무시하거나 무관심한 말투

아이: 오늘 수업 시간에 배가 아파서 힘들었어.

엄마: 근데 내일 학교 준비물이 뭐지?

부모가 자녀와 대화 할 때 자주 실수하는 나쁜 말투와 태도는, 대화의 핵심에 관심이 없는 말투이다. "지금 바쁘니깐 나중에 이야기하자.", "그게 왜 중요한데?"가 대표적이다.

부모 입장에서는 아이와 대화를 할 때 '아이랑 대화를 하는 건데 뭐~'라고 별것 아닌 것처럼 인식할 수 있지만 부모의 이러한 말투가 반복되면 아이들은 부모가 자신을 무시한다고 생각하거나, 존중받지 못하는 존재라고 느낄 수 있다.

3) 협박이나 위협하는 말투

"이거 못하면 큰일 난다."
"이렇게 하지 않으면 나중에 후회하게 될 거야!"
"한 번만 더 이러면 매를 들 거야. 마지막 경고야."
"이번 시험에서 80점 이하로 나오면 너의 모든 게임기와 휴대폰을 뺏을 거야."

이러한 말투는 아이의 정서적 안정과 건강한 발달을 저해하며, 부모에 대한 신뢰가 무너지면서 반항적 행동을 할 가능성이 높아진다. 아이는 부모에게 의지하기보다는 두려워하게 되며, 이는 장기적으로 관계를 악화시킬 수 있다.

4) 배려 없는 폭격기 말투

"지금까지 할 일 안 하고 도대체 뭐했어?"
"너 요즘 놀기만 하잖아! 왜? 내가 틀린 말 했어? 사실이잖아!"
"지금 그걸 말이라고 한 거야? 유치원생이 너보다 잘하겠다!"

가정은 아이에게 가장 안전한 공간이어야 한다. 그러나 극도의 감정이 실린 폭격기 말투는 이러한 안전감을 깨트리며, 아이가 가정에서조차 불안감을 느끼게 할 수 있다. 이러한 말투는 아이가 동일한 방식으로 다른 사람과 상호작용하도록 학습시킬 수 있으며, 학교나 사회에서 부적응 행동으로 이어질 수 있다.

특히, 아이가 부모에게 가장 듣기 싫어하는 말은 바로 존재를 부정하는 말이다. "널 낳고 미역국을 먹었다니!", "너를 낳지 말았어야 하는데!" 무심코 존재를 부정당한 아이들은 깊은 상처를 받는다.

세상을 살면서 아름다운 말만 하면 얼마나 좋을까? 하지만 그럴 수는 없는 게 바로 현실이다.

하지만, '내가 이런 최악의 말을 하고 있었구나!' 아는 순간부터 감정 조절이 시작된다. 화가 난다고 해서 절대 밑바닥까지 내려가면 안 된다. 부모의 부정적인 행동과 말은 아이들의 머릿속에 각인되기 때문이다.

화를 낸다고 해결되는 건 없다

화가 자주 난다면, 그건 삶의 방식을 바꾸라는 신호이다. 우리 뇌가 '지금 너무 지쳐 있으니 좀 쉬어'라고 보내는 메시지다.

이 세상에 자식이 잘되기를 바라는 부모 마음은 똑같다. 잘 먹고 잘 자고, 공부 잘하며 좋은 직장 혹은 탄탄한 직업을 찾아 행복한 삶을 살아가는 자식의 미래를 꿈꾼다.

하지만 현실은 그리 아름답지만은 않다. 책도 알아서 척척 읽고, 매사 성실한 모습을 꿈꾸지만 현실 속에는 그런 아이는 찾아보기 힘들다.

우리 집도 예외는 아니다. 아이가 공부하는 모습을 쳐다보고 있으면 울화가 치밀어오른다. 지금처럼 공부하면 나중에 어른이 되었을 때 후회한다고 말하고 싶은 마음에 순간적으로 "너는 공부를 못해!"라는 말이 불쑥 튀어나와 버렸다. '이게 아니었는데!' 나는 즉각 공부를 왜 해야 하는지 이야기했지만, 인생을 살아본 경험이 부족한 아이에게는 현실적으로 와닿지 않는 이야기일 뿐이었다.

그날 저녁 아이는 엄마 말이 맴돌았는지 "엄마! 나는 공부를 못 해!"라고 말하면서 슬픔에 잠겼다. 결국 부모 감정이 쌓여 나온 부정적인 말이, 아이의 자존감만 떨어지는 결과를 초래했다.

자식에게 더 화를 내는 뇌 과학적 이유

태어나서 지금까지 누구에게 과연 가장 화를 많이 냈을까?
1등. 자식, 2등. 남편

사람은 가장 가까운 사람한테, 가장 많이 화를 낸다. 우리 뇌는 '나를 생각하는 뇌'가 있다. 즉, 나를 인지하는 뇌 영역이다. 타인을 인지하는 뇌 영역도 있다.
나와 가장 가까운 사람일수록 그 사람이, '나를 인지하는 영역'에 가깝게 저장되어 있다.

즉, '나를 인지하는 곳'에서 자식도 인지하게 된다. 즉, 나와 자식을 동일시한다. 내가 나와 한 몸이라고 생각하기 때문에, 너무 사랑해서 내 마음대로 통제되지 않으면 불같이 화가 나는 것이다.

출처: 정승재 박사 / Credit: 유튜브 SBS Entertainment

동네 아이가 실수하면 귀엽게 넘어갈 수 있는 일을, 내 자식이면 안 되는 이유를 명쾌하게 알 수 있다.

엄마는 내가 낳은 아이를, 자신과 동일시하면서 자녀의 성격, 재능 등을 이미 잘 알고 있다고 생각한다. 그래서 매번 행동을 평가하며 통제하려 하지만 자녀가 사춘기가 되면 통제는 불가능하다.

그럴수록 서운한 마음에 "너는 왜 이렇게 엄마를 화나게 만드니?", "앞으로 그렇게 살 거면 나가!"라며 불편한 감정을 표출하지만, 자식을 슬프게 했다는 죄책감에 마음만 더 불편하다.

자녀를 키우다 보면 불같이 화를 내는 자신의 모습에 깜짝 놀라는 경우가 있다. 나도 몰랐던 자신의 차가운 모습을 마주했을 때 당황스럽고, 진정 이 모습이 내가 맞는가? 라고 의구심도 든다.

역시 평소에는 모든 것을 포용할 듯 부드럽고 상냥하게 말하지만, 순간적으로 화가 날 때는 퉁명스럽고 짜증 섞인 말투가 튀어나온다. 그렇다고 화를 참는 게 맞는 걸까? 많은 사람이 감정을 드러내지 않는 걸 감정 관리를 잘하는 거라고 오해한다. 하지만 감추고 억누른 감정은 결국 한순간에 터져버린다.

4) 강하게 말하지 말고, 명확하게 전달하자

투정 부리는 마음을 눈치채자

아들이 늦은 밤 11시가 되도록 숙제를 마치지 못한 날이었다.

아들: 난 서울대는 못 들어갈 거 같아!

엄마: 서울대? 서울대 안 가도 되는데. 너 한양대 들어간다고 하지 않았어?

아들: 나 그냥 대학 안 갈래. 난 못 갈 거 같아. 그리고 20살 되면 그냥 아파트
에서 떨어질 거야!

엄마: (순간 얼음) 뭐라고? 너 그게 지금까지 정성껏 너를 키워준 부모에게 할
소리야? 그런 말은 장난으로도 하면 안 되는 거야!

아들: ….

엄마: 너 수학 문제가 어렵다고 그런 소리를 하는 거야? 낮에 충분히 숙제할
시간 있었잖아.

아들: 수학 숙제하려고 했는데, 몰라서 못 풀겠어.

엄마: 그럼 어려운 문제는 별표 쳐놓고, 선생님께 다시 한번 설명해달라고 말

하면 되잖아.

아들: 선생님이 뭐라고 하면 어떡해?

엄마: 학원은 네가 모르는 것을 배우러 가는 곳인데, 왜 뭐라고 해? 당연히 모를 수 있는 거야!

아파트에서 떨어지겠다는 말에 어안이 벙벙했고, 죽는다는 말을 쉽게 하는 아들에게 화가 났다. 게으름 때문에 해야 할 일을 미루는 행동과 노력했음에도 못 풀어가는 상황은 다르다는 걸 다시 한번 강조했다.

그날 저녁은 시간이 점점 늦어지기에 대화를 마무리했고 다음 날 눈을 뜨자마자 아들과 대화를 나눈 상황이 다시 스쳐 지나갔다.

'수학 문제가 안 풀려 꽤 답답하고 힘들었겠다.'

아차 싶었다. 아이의 자극적인 말에 순간 화가 나서 보이지 않았던 아이의 속마음이 보였다. 엄마에게 이렇게라도 자신의 감정을 표현하고 싶었나 보다. 그리고 깨어난 아들에게 어제 못 해준 말을 뒤늦게나마 전달했다.

"수학 문제가 안 풀려서 아주 힘들었구나. 엄마도 어릴 때 수학이 가장 어려웠어. 그래도 매일 꾸준히 풀다 보면 이것 또한 엄청 쉬운 문제가 될 거야. 한번 다시 해보자! 엄마가 옆에서 도와줄게."

아이는 웃었고, 그런 아이를 꼬옥 안아주었다.

"작은 돌 하나에도 다 제 기운이 있다.
돌을 깨려고만 하지 말고 기운을 불러내는 것처럼 두드려야 한다.
그래야 돌이 문을 열어 준다."

『초정리 편지』 내용 中

아이를 키우는 과정에서 부모는 많은 도전에 직면한다. 그중 하나는 아이의 투정 부리는 행동을 이해하고 올바르게 대응하는 것이다. 아이들은 아직 감정을 제대로 표현하는 법을 배우지 못한 경우가 많기 때문에 투정은 그들의 불편함이나 욕구를 나타내는 중요한 신호일 수 있다.

1) 투정의 이유는 반드시 있다

아이가 투정 부리는 이유는 다양하다. 배가 고프거나, 피곤하거나, 주목받고 싶거나, 어떤 상황에서 불안감을 느낄 때 투정을 부린다. 이럴 때 부모는 아이의 행동을 단순한 짜증으로 치부하기보다는, 이 이면에 있는 원인을 파악하려는 노력이 필요하다. 아이의 입장에서 생각해보고, 무엇이 그들을 불편하게 하는지 이해하려고 노력해야 한다.

2) 적극적으로 경청하면 공감은 뒤따라온다

아이의 투정을 이해하려면 먼저 아이의 말을 경청하는 것이 중요하다. 아이가 투정 부릴 때 "왜 또 그래?"라는 반응보다는, "왜 그렇게 느끼는지 이야기해 줄래?"라는 식으로 접근해 보자. 이렇게 하면 아이는 자신의 감정을 표현할 기회를 가지게 되고, 부모는 아이의 속마음을 더 잘 이해할 수 있다.

또한, 아이의 감정에 공감하는 모습을 보여주자. "너무 피곤했구나.", 또는 "그게 정말 속상했구나."라는 말은 아이에게 큰 위로가 된다.

3) 일관된 규칙과 한계 설정은 필요하다

아이의 투정을 무조건 받아주는 것도 바람직하지 않다. 부모의 일관된 규칙과 한계를 설정해야 한다. 아이가 요구하는 것이 부당하거나 불가능할 때는, 부드럽지만 단호하게 거절하는 것이 필요하다.

예를 들어, 아이가 늦은 시간에 사탕을 먹고 싶다고 투정을 부린다면, "지금은 너무 늦었어. 내일 아침에 먹을 수 있어."라고 단호하게 말해보자. 이렇게 하면 아이는 규칙의 중요성을 배우고, 자신의 감정을 조절하는 법을 익힐 수 있다.

4) 칭찬은 효과를 배로 늘려준다

아이의 긍정적인 행동을 강화하는 것도 중요하다. 아이가 투정을 부리지 않고 자신의 감정을 잘 표현했을 때, 그 점을 칭찬해 주자. "네가 방금 짜증 내지 않고 차분하게 말해주어서 엄마가 정말 기쁘다. 정말 잘했어."라고 말해주면, 아이에게 큰 힘이 된다.

긍정적인 행동에 대한 칭찬은 아이의 자존감을 높이고, 더 나은 행동을 장려하는 효과가 있다.

아이의 투정은 성장 과정에서 흔히 나타나는 현상이다. 아이의 투정 부리는 마음을 이해하고 대응하는 것은 부모에게 큰 도전이지만, 이는 아이와 부모 모두에게 긍정적인 변화를 불러올 수 있는 중요한 과정이다.

이 세상에 나쁜 감정은 없다

딸이 짜증 내는 대부분의 원인은 바로 오빠 때문이었다. 당연히 그 오빠는 나의 아들이다. 서로 의지를 하며 잘 지내면 좋으련만, 현실 남매는 서로 못 잡아먹어서 안달이다. 오빠는 동생을 놀렸고, 동생은 그런 오빠가 밉다. 같은 상황을 지켜보며 마주하는 엄마는 항상 마음이 불편하다. 그러던 어느 날 딸을 달래도 보고, 아들을 혼내도 별 소용이 없자 엄마는 딸을 불잡고 한 가지 제안을 한다.

"오빠가 놀리는 말을 해도 그냥 신경 쓰지 마! 네가 짜증 내면서 반응하니, 오빠가 재미있어서 더 그러는 거 같아. 앞으로는 그냥 화도 내지 마."

매일 불편한 감정을 사는 게 안쓰러워서, '감정을 무시해버리고 마음이라도 편하게 가졌으면 좋겠다'라는 의미였다. 딸은 다행히 그렇게 해보겠다고 약속했다. 역시나 그날 저녁 아들의 장난은 딸의 심기를 건드렸다. 하지만 평상시와는 다르게 딸은 자신의 감정을 억누르며 참는듯했다. 하지만 이내 감정이 올라왔는지 "나 못 참겠어."라는 말을 남긴 채 방문을 닫고 서럽게 울기 시작했다. 순간적으로 느끼는 감정을 그냥 무시하라는 말을 전한 내 모습에 아차 싶었다. 인간이 자연스럽게 느끼는 감정을 부정하라고 말한 거 같아서 딸에게 미안했다.

대부분 사람은 부정적인 감정을 속으로 숨기거나 참는다. 하지만 결국 쌓여가는 감정은 언젠가는 폭발하기 마련이다. 감정을 인정해야 표현할 수 있고, 표출되어야 그 감정을 다스릴 수 있다.

"오늘 학교에서 피구 하다가 짜증 나서 죽는 줄 알았어."
"내가 요즘 너 때문에 화가 나서 미칠 거 같아."

우리의 일상생활에서 '분노'라는 감정이 얼마나 흔한지 쉽게 알 수 있다. 분노라는 말 외에도 화, 역정, 성질 등의 단어도 '분개하여 몹시 성을 내는 인간의 감정'을 나타내는 말이다.

인간은 하루에도 수많은 감정이 스치고 지나간다. 특히 부정적인 감정이라고 여기는 '화', '짜증'을 느끼면 나쁘다고 생각하기 쉽다. 하지만 모든 감정은 상황에 따라 발생하는 자연스러운 현상이다.

만약 아이가 장난감을 잃어버리고 분노하며 울면서 소리를 지르면 "네가 장난감을 잃어버려서 화가 나는구나. 그 장난감이 얼마나 소중한지 알아." 라고 아이의 감정을 인정하고 공감해주면 좋다.

부모가 먼저 아이의 상태를 잘 관찰하고 아이의 감정을 말로 표현해주면, 아이가 자신의 감정을 이해하고 정상화하는 데 도움이 된다.

평상시에도 감정에 관한 대화를 편견 없이 아이와 나누어보고, 일상생활에서 "사랑해.", "고마워.", "감동이야.", "뿌듯해." 등 따뜻한 감정 언어를 자연스럽게 표현하는 것도 도움이 된다.

우리는 감정과 행동을 분리해서 바라보는 연습이 필요하다. 화가 난 감정에 대한 거부감이나 죄책감을 느낄 필요가 없다. 화를 느끼는 감정을 부정하지 말고, **화를 느낄 때 건강하고 긍정적인 방법으로 해소하는 방법**이 매우 중요하다.

부정적인 감정이 올라와 힘든 경우에는 심호흡하거나, 잠시 자리를 피하는 등 자신의 감정을 조절하고 다스릴 수 있어야 한다. 감정 표현하기, 생각한 뒤 말하기, 거울 보기, 도움 청하기 등 감정을 이해하고, 표현하며, 건강하게 관리할 수 있도록 다양한 전략과 기술을 제공해야 한다.

이러한 접근은 아이들이 부정적인 감정을 다루는 데 필요한 평생의 기술을 배우는 데 크게 도움이 된다.

화 내지 않고, 단호하게 이야기한다는 것은

사실 화를 낸다는 것은, 현재 상황을 개선하고 싶은 욕구에서 나온다. 아이가 어릴수록 엄마가 무서운 표정으로 화를 내면 즉각적으로 효과가 나온다. 하지만 그 상황을 모면하기 위한 아주 잠깐의 행동 변화일뿐, 시간이 지나면 다시 이전 상황으로 돌아간다. 그때마다 부모는 더 언성이 높아질 뿐이다.

누구든지 어떤 상황에서 화가 날 수 있고, 또 정당한 이유로 충분히 화가 났을 수 있다. 현명한 부모는 말할 때 아이를 존중하며 필요할 때만 강하게 이야기하지만, 공격적인 부모는 말과 행동으로 아이를 몰아세우려고 한다.

단호하게 이야기한다는 것은 화를 낸다는 의미가 절대 아니다. 자신의 감정과 생각이 무례하거나 공격적이지 않은 태도로 설명할 수 있다는 뜻이다. 단호한 태도는 아이를 존중하는 가운데 부모의 생각을 잘 표현할 수 있는 태도이다.

나 스스로 화가 날 수밖에 없었던 감정을 읽고, 그 감정을 아이에게 전달하고, 잘못된 행동을 반복하지 않도록 메시지를 명확하게 전달하는 게 필요하다. 자신이 어떻게 느끼고 있는지 어떻게 설명해야 할지 잘 모르겠다면, 우선 그 내용을 종이에 적어보고, 어떻게 말해야 할지 연습하는 것도 하나의 방법이다.

1) '인정하며 시작하기' 기법 사용하기

어떤 이유에서든지 자녀가 부모와 논쟁을 하려고 할 때 "그럴 수 있어."라고 말하면서 시작해보자. 그러면 아이의 관점에도 장점이 있다는 것을 인정하지만 부모의 생각을 자신 있게 고수할 수 있게 된다. 상대방의 말에 동의한다는 것이 꼭 뒤로 물러서서 자기 생각을 바꾸어야 한다는 것을 의미하지는 않는다.

아이가 "엄마는 게임도 못 하게 하고 미워!"라고 말했다면, "그럴 수 있겠네."라고 대답하자. 그러면 "엄마! 밉다고! 내가 다른 집에서 태어났으면 게임 실컷 할 텐데."라고 계속 이야기할 수도 있다. 그러면 "맞아. 그럴 수 있어. 하지만 이미 약속한 게임 사용 시간이 지났기 때문에 더는 할 수 없어."라고 말하는 것이다.

기법은 강압적이기보다는 단호하게 느껴진다. 아이의 자극적인 말에 화를 내거나, 주장에 동의하면, 이미 정해진 게임 시간을 지킬 수 없다. 하지만 "그럴 수 있다."라고 이야기했기 때문에 아이의 불편한 감정을 인정하는 효과가 있다.

2) 꾸준히 연습하고 인내심 갖기

부모의 생각을 명확하게 전달하는 방법을 배우는 데에는 오랜 시간이 걸린다. 식사 후 양치질을 해야 한다는 쉬운 상황에서부터 단호하게 이야기하는 연습을 시작하자.

부모가 하고 싶은 말을 했다면, 아이의 이야기도 들어 주자. 부모의 이야기를 듣게 하려고 목소리를 높일 필요는 없다. 차분하고 침착한 자세로 이야기할 때 말에 힘이 실린다. 그렇게 하나씩 경험을 쌓아가다 보면 다른 상황에서도 화를 내지 않고 명확하게 이야기할 수 있게 될 것이다.

지금이라도 늦지 않았다. "뭐가 힘든 거야?"라는 차가운 눈빛에서 "어떻게 힘든 거야?"라는 따뜻한 눈빛으로 바꿔보자. 가끔은 백 마디 말보다 따뜻한 눈빛이 더 강력한 소통 도구가 될 것이다.

상황별로 알아보는 현명한 부모 소통 기법

1. 칭찬할 때

- 예시: 자녀가 학교에서 좋은 성적을 받았을 때

- "정말 잘했어! 네가 노력한 결과야."

- "너의 노력과 열정이 이렇게 좋은 결과를 가져왔구나. 정말 자랑스러워."

2. 위로할 때

- 예시: 자녀가 친구와의 갈등으로 슬퍼할 때

- "매우 속상했겠구나. 너의 기분을 이해해."

- "네가 그렇게 느끼는 건 당연해. 내가 도와줄 방법이 있을까?"

3. 지도할 때

- 예시: 자녀가 숙제를 어려워할 때

- "이 부분이 어려운 것 같네. 우리가 함께 해결해 보자."

- "어떻게 하면 이 문제를 더 쉽게 풀 수 있을지 생각해 볼까?"

4. 격려할 때

- 예시: 자녀가 새로운 도전에 직면했을 때

- "처음에는 어려울 수 있지만, 네가 충분히 해낼 수 있어."

- "노력은 항상 결과로 돌아오니까, 계속해서 도전해 보자."

5. 규칙을 설명할 때

- 예시: 자녀에게 새로운 가정 규칙을 설명할 때

- "이 규칙은 우리가 모두 안전하고 행복하게 지내는 데 필요한 거야."

- "왜 이 규칙이 중요한지 이해할 수 있겠니? 네 생각은 어때?"

6. 사과할 때

- 예시: 부모가 잘못했을 때 자녀에게 사과할 때

- "미안해, 내가 잘못했어. 네가 상처받았을 것 같아."

- "다시 그런 일이 없도록 노력할게. 네가 이해해 줄 수 있겠니?"

7. 기대를 말할 때

- 예시: 자녀에게 기대하는 행동을 말할 때

- "네가 이 일을 잘 해낼 거라 믿어. 네가 해낼 수 있을 거야."

- "이 일은 중요하니까 최선을 다해 줬으면 좋겠어."

8. 공감할 때

- 예시: 자녀가 시험 준비로 스트레스를 받을 때

- "많이 긴장되겠구나. 나도 그럴 때가 있었어."

- "네가 얼마나 열심히 준비했는지 알아. 잘 해낼 거야."

9. 피드백을 줄 때

- 예시: 자녀의 행동에 대해 피드백을 줄 때

- "네가 이 부분을 좀 더 신경 썼으면 좋겠어. 이렇게 하면 더 좋아질 거야."

- "이렇게 하면 더 좋은 결과를 얻을 수 있을 것 같아. 한번 시도해 볼래?"

10. 일상 대화할 때

- 예시: 자녀와 일상적인 대화를 나눌 때

- "오늘 학교에서 재미있는 일 있었어?"

- "네가 오늘 겪은 일 중에 가장 기억에 남는 건 뭐야?"

3장

일상에서 바로 써먹는
밥상머리 소통 실천법

포기하는 부모 vs 유지하는 부모

남들은 잘하는데 왜 우리 집은 안 될까요?

1) 진심으로 소통하라

소통으로 감정 상하는 일, 100% 경험한다

찜질방 가는 것을 극도로 싫어하는 남편을 설득하기 위해 '우리 가족 찜질방 가야 하는가?'라는 주제로 깜짝 가족 토론을 생각했다. 아이들은 흥미를 보이며 찜질방을 가야만 하는 이유를 적기 시작했다.

엄마: 사람이 많은 곳을 가기 싫어하는 아빠를 설득하기 위해서는 어떤 방법
    이 좋을까?

아들: 사람이 별로 없고 깨끗한 찜질방을 찾아볼까?

엄마: 그래 좋은 생각이야!

딸: 이용료도 알아볼까? 이왕이면 싼 곳이 좋잖아. 저렴한 곳이면 아빠가 더
    좋아할 거야.

엄마: 오~ 좋은데. 혹시 찜질방 갈 때 어떤 것을 준비해야 하는지도 한번 적
    어 보자.

드디어, 남편이 퇴근 후 집에 도착했다.

엄마: 우리 가족이 찜질방을 가야 하는가? 의 주제로 토론하려고 하는데, 찜
      질방을 왜 가기 싫은지 의견을 적어보고 이따 함께 의견을 나눠봐요.

남편에게 적극적으로 토론에 참여하기를 권유했고, 아이들은 기대에 찬
눈빛으로 아빠의 반응을 살폈다. 남편은 꽤 진지했다. 이후 남편도 왜 찜질
방을 가기 싫은지 이유를 적기 시작했다.

[실제 남편이 적었던 내용]

1) 한정된 공간(좁은 장소)에 많은 사람이 있어 위생상 문제점이 있을 수
   있어요.
   (이불, 베개 불결함, 병균 등) 특히, 습한 환경은 이 문제점을 증폭시킬 수
   있어요.
2) 수증기가 가득한 욕탕, 열이 있는 찜질방은 답답함을 유발해요.
3) 습기와 열기는 높은 체온 상승과 혈압 증대를 일으키어 건강상 위
   해가 될 수 있어요.
4) 소란스러운 환경은 수면과 휴식을 방해할 수 있어요.
   오히려 넓은 공간에서의 활동과 집중력 있는 쉼이 필요할 수 있어요.

남편은 설득력 있는 내용으로, 적극적으로 토론에 참여했고 계속되는 논리적인 반박에 더는 할 말이 없어진 아이들은 엄청나게 실망한 눈치였다. 그런 상황은 나를 불편하게 만들었고 점점 화가 치밀었다.

[엄마의 속마음]

'뭐가 이렇게 진지해?'
'토론의 긍정적 경험을 주려고 애쓰고 있는데, 정말 도움이 하나도 안 되네.'
'찜질방 맨날 가는 곳도 아닌데, 한 번만 좀 같이 가주면 안 되나?'

토론의 재미로 불을 지펴놨는데, 남편이 그 타오르는 불에 찬물을 끼얹었다는 부정적인 감정이 올라왔다. 결국 '가족끼리 토론을 하니 이런 문제가 생기는구나. 그냥 학원 보내면 이런 일이 없었을 텐데.'라는 부정적인 생각이 꼬리에 꼬리를 물었다.

아이들은 시무룩해졌고, 그런 상황을 눈치챈 남편은 마지못해 "가고 싶으면 가는 거지."라는 말을 남겼지만 이미 찜질방을 가고 싶은 욕구는 싹 사라진 뒤였다. 난 속으로 부글거리는 감정을 애써 참았고, 아이들은 차가워진 집안 분위기를 감지했다.

나는 왜 이토록 화가 났을까? 남편은 퇴근하자마자 급하게 저녁밥을 먹고, 반대 의견을 적으라는 말에 최선을 다했다. 하지만 자신의 의견을 있는 그대로 말하는 순간, 분위기는 급속히 냉랭해졌고 결국 흐지부지 토론은 끝이 났다.

객관적인 시선으로 상황을 다시 되돌아본 후, 난 그토록 화가 난 이유를 찾을 수 있었다.

바로 **'토론의 흐름이 의도한 대로 흘러가지 않았다는 사실'**이다. 흥미로운 토론의 주제로 아빠를 설득해 기쁜 마음으로 찜질방 가는 모습을 상상했다.

이를 통해 아이들에게 토론을 통해 누군가를 설득할 수 있다는 성공 경험을 안겨주고 싶었다. 그렇게 하면 아이들이 '토론은 재미있는 것'으로 인지할 수 있을 것 같다는 생각도 했다. 나름 전략적으로 다가간 것이다. 하지만, 우리 집 토론은 내가 의도한 대로 흘러가지 않았다.

이를 통해 알 수 있는 사실이 무엇인가? 그것은 바로 당신이 밥상머리 소통을 시작한다면, 감정 상하는 일을 100% 경험하게 될 거라는 것이다.

특히 학교 성적 향상 목적으로 시작했다면 반드시 실망이 몰려온다. 대화와 토론으로 결론 보려는 생각은 버리자. 즉, 눈에 보이는 변화를 이뤄내야 할 필요는 없다.

결론이 나지 않아도 소통 전후는 분명한 차이가 생기기 때문이다. 다양한 생각과 견해를 인정하는 것만으로도 밥상머리 소통은 충분히 의미 있는 일이다.

좋은 질문법으로 대화의 물꼬를 틀어라

[상황 1]

엄마: 학교에서 점심시간에 뭐 나왔어?

아들: 몰라.

엄마: 모른다고? 네가 점심시간에 뭐 먹었는지 몰라?

[상황 2]

엄마: 도서관에서 빌려온 책 읽어봤어?

아들: 응. 재미있어.

엄마: 어떤 부분이 재미있었어?

아들: 음…. 그냥 재미있었는데. 자세한 건 생각 안 나.

[사례 3]

엄마: 머리 말렸어?

아들: 대충 말렸어.

엄마: 뭐 급히 할 일이 있었어?

아들: 그냥!

사춘기 아이와 엄마 간에 흔한 대화다. 어떤 대답이 나올까 기대하며 질문을 던지면 "몰라!", "좋았어!", "그냥."이 전부다. 건성으로 대답하는 아이를 보면 화가 나고 답답하다.

처음에는 '정말 모르는구나!' 생각했다. 하지만 학교 급식 메뉴가 무엇인지 간단한 질문에도 시종일관 "몰라!" "그냥."이라고 습관처럼 대답하니 아차 싶었다.

단답형으로 말할 수밖에 없는 이유

나는 성격이 급하고 매사가 적극적인 부모다. 누군가가 아이에게 "이름이 뭐야?", "좋아하는 음식이 뭐야?" 질문했을 때 아이가 머뭇거리면 침묵이 어색하고 답답한 마음에 아이 대신 대답하는 경우가 많았다.

진심으로 후회한다. 신중한 아이라 충분히 생각한 후 대답하는 경향이 있었다. 그러니 기다림이 필요한데, 그 중요한 사실을 놓쳤다. 가정에서 다양한 질문과 대답이 수용되는 자유로운 분위기를 만들어줘야, 아이는 자기 생각과 감정을 자유롭게 표현할 수 있다.

대답을 거부하거나, 말하지 않는 이유는 말하는 것이 두렵기 때문이다.

우리 아들은 주변 사람들에게 "남자아이가 왜 이리 부끄러움이 많아?"라는 말을 귀에 못이 박히도록 들었다. 그때마다 아이의 수줍음, 소심한 행동, 사회적 불안과 위축이 더 심해지지 않을까 걱정되었다.

말 수 없는 아이는 대화가 없는 가정 환경에서 자란 경우가 많다. 혹은 선천적으로 소심하고 나약한 성격이면 부모의 강요나 강압 때문에 말하지 않기도 한다.

정신건강의학과에서는 말을 할 수 있는 아이가 특정한 상황에서 말하지 않는 경우 '선택적 함구증'으로 진단한다.

그러나 대부분 아이는 단지 말하기를 좋아하지 않기 때문인 경우가 많다. 그저 무슨 말을 할지 잘 모르거나 딱히 하고 싶은 말이 없어서 말하지 않는 것이다.

조용하고 내성적인 성격에 '단답형'으로 대답하는 아이를 들여다보니 이유가 보였다. 어떠한 질문이든 단답형으로 대답하면, 대화가 짧게 마무리된다는 점이다. 즉, 대답을 피하고 싶을 때, 상황을 회피할 수 있는 가장 편한 방법이다.

매번 단답형으로 대답하는 아이와 진지하게 이야기했다.

엄마: 머리를 급히 말린 이유는 빨리 머리 말리고 게임을 하려고 했던 거 아니야?

아들: 맞아!

엄마: 그러면 '그냥'이라는 말보다, '빨리 머리 말리고 게임을 하려고 대충 말렸어요'라고 있는 그대로 너의 생각을 말하면 되지 않을까?

아들: 그러네.

엄마: 엄마가 질문을 하면 너도 모르게 항상 '몰라', '그냥'이라고 대답하는 경우가 있어. 앞으로는 '몰라', '그냥'이라고 대답하기 전에, 먼저 생각해 보고 그 상황을 그대로 표현해 보는 거 어때?

아들: 알겠어. 그렇게 해볼게.

지금까지 '몰라', '그냥'이라고 대답하는 아이를 바라보며 속으로 답답해만 했지, 구체적으로 문제를 해결해 볼 생각은 하지 못했다. 말하는 영역도 반드시 연습이 필요하다.

그중에서도 아이와 더욱 풍성하게 대화하는 방법의 하나가 바로 좋은 질문을 하는 것이다.

일상생활 속에서 좋은 질문법 적용하기

시종일관 단답형으로 대답하는 아이에게는 열린 질문을 사용하면 좋다.

"네가 생각하는 가장 재미있는 수업은 뭐야?"와 같이 단순히 '예' 혹은 '아니오'로 대답할 수 없는 질문을 사용해 보자. 이는 아이가 더 자세하게 대답할 기회를 제공한다.

아침에 아이를 깨울 때, "일어나서 준비해."라는 말 대신, "오늘 학교에서 기대되는 일이 뭐야?"라고 물어보면 아이가 하루를 긍정적으로 시작하는 데 도움을 줄 수 있다.

저녁 식사 시간은 가족이 모여 하루를 돌아보는 좋은 시간이다. "오늘 하루 어땠어?"라는 질문 대신, "오늘 학교에서 가장 재미있었던 순간은 뭐였어?"라고 물어보자. 이는 아이가 하루 중 긍정적인 부분을 생생하게 떠올리게 하는 동시에 더 자세한 대답을 끌어낼 수 있다.

잠자리에 들기 전에는 "내일 뭐 하고 싶어?" 같은 질문을 통해 아이가 자신의 계획과 기대를 표현하게 해보자. 이는 아이가 자신감을 가지고 하루를 준비하게 한다.

좋은 질문은 단순한 대화를 넘어, 아이의 사고와 감정을 풍부하게 하고, 부모와의 관계를 깊게 만든다. 열린 질문, 구체적인 질문, 감정을 묻는 질문, 상상력을 자극하는 질문을 통해, 아이와의 대화를 더욱 의미 있고 즐거운 경험으로 만들어 보자.

　이러한 작은 변화가 아이의 성장과 부모와의 유대에 큰 차이를 만들어낼 것이다.

일상생활 속에서 좋은 질문 적용하기

부모로서 좋은 질문을 통해 자녀의 생각과 감정을 끌어내는 것은 매우 중요하다. 다음에 나오는 것들은, 자녀와의 의사소통을 풍부하게 하고, 자녀의 자기 계발을 촉진할 수 있는 질문 기법과 사례들이다.

1. 개방형 질문

√ '예'나 '아니오'로 대답할 수 없는 질문이다. 개방형 질문은 자녀가 자신의 경험과 감정을 상세하게 표현하도록 돕는다.

- "오늘 학교에서 가장 재미있었던 일은 뭐였어?"
- "친구와 다퉜을 때 어떤 기분이 들었니?"
- "앞으로 어떤 활동을 더 해보고 싶니?"

2. 선택형 질문

√ 몇 가지 선택지를 주고 그중 하나를 선택하게 하는 질문이다. 선택형 질문은 자녀가 자율성을 느끼게 할 수 있고, 자신의 결정에 대한 책임감을 키울 수 있다.

- "오늘 저녁에 스파게티와 피자 중 어떤 걸 먹고 싶니?"
- "주말에 동물원에 갈까, 아니면 박물관에 갈까?"

- "숙제를 먼저 할까, 아니면 책을 읽을까?"

3. 감정 확인 질문

√ 자신의 감정을 인식하고 표현할 수 있도록 도와준다. 감정 확인 질문은 자신의 감정을 이해하고, 표현하며, 건강하게 다루는 방법을 배우게 한다.

- "오늘 기분이 어떤지 말해줄 수 있니?"
- "그 상황에서 어떤 감정이 들었니?"
- "네가 화가 난 이유가 무엇인지 이야기해 줄래?"

4. 문제 해결 질문

√ 문제를 분석하고 해결책을 찾도록 도와주는 질문이다. 문제 해결 질문은 스스로 문제를 분석하고, 창의적인 해결책을 찾도록 돕는다.

- "이 문제를 해결하기 위해 어떤 방법을 생각해 볼 수 있을까?"
- "이 상황에서 네가 할 수 있는 최선의 선택은 뭐라고 생각하니?"
- "다음번에는 어떻게 하면 더 잘할 수 있을까?"

5. 미래 지향적 질문

√ 자신의 목표와 꿈을 생각하게 한다. 자신의 미래를 계획하고, 그에 대한 동기부여를 받을 수 있게 한다.

- "커서 어떤 사람이 되고 싶니?"

- "앞으로 어떤 것을 배우고 싶니?"

- "10년 후에는 어떤 모습일 것 같니?"

화목한 가정이어야 소통도 잘한다

밥상머리 소통 강의 시 "밥상머리 소통 실천하셨어요?"라는 질문에 "남편이랑 사이가 안 좋아서 못 했어요."라는 답변을 들은 적이 있다. 참으로 공감되는 상황이다. 주변에는 아이 잘 키우려다가 부부 사이가 점점 나빠지는 경우도 많다. 나 역시 가족이 남들보다 편하다는 이유로, 함부로 대하는 경우가 있다.

유튜브 영상에서 60대 아버지와 30대 아들이 대화하는 내용을 보았다. 부자간은 어색하고 불편한 상황이지만 지금에라도 개선하고 싶은 마음에 아버지가 먼저 용기를 내서 대화를 건넨다. 하지만 아들은 어릴 때 억울한 사건을 기억하며, 그 당시 아버지가 자신을 혼낸 일을 떠올리며 괴로워했다.

가장 믿어주어야 하는 가족이었으나, 상황을 묻지도 않고 가장 많이 혼을 낸 아버지를 보면서 억울한 마음에 눈물을 흘렸다. "어떻게 된 거니?"라고 묻지 않고, 자신을 믿어주지 않는 아버지에 대한 원망이 가슴속에 쌓인 것이다.

화목한 가정의 기본은 신뢰와 존중이다. 신뢰와 존중은 모든 관계의 기초이자 소통의 시작이다. 서로를 신뢰하고 존중하는 가정에서는 자연스럽게 소통이 원활해진다. 이는 가족 구성원들이 서로를 있는 그대로 인정하고 받아들인다는 것을 의미한다.

공부를 소홀히 하는 아이를 볼 때면 "너 대학은 가고 싶은 마음이 조금이라도 있기는 하니?"라고 비아냥거리는 말투로 표현하는 때도 많다. 사실은 자녀를 더 이상 믿지 못하고 불안한 마음에서 시작되는 부정적인 말이다.

화목한 가정은 갈등이 생겼을 때 감정을 억누르지 않고, 서로를 이해하며 해결책을 찾는 능력이 뛰어나다. 가족 구성원이 어떤 경우에 가장 좋아하고 행복한지를 유심히 관찰할 필요성이 있다. 갈등은 인간관계에서 피할 수 없는 부분이지만, 이를 어떻게 해결하느냐가 더 중요하다.

구체적으로 해결하기 위해서는 정기적인 대화 시간을 마련하자. 이는 바쁜 일상에서 가족 구성원들이 서로의 삶에 관심을 두고 참여할 중요한 기회가 된다.

사이 좋은 부부 밑에서 자란 아이들의 표정이 더 밝다. 토론을 잘하는 아이들은 대부분 부모와 스스럼없이 대화를 나누었다는 공통점이 있다. 결국 가족 간의 정서적인 관계가 좋아야 소통도 원활하게 잘 이루어진다.

어느 날 아들이 토토라는 인형에게 무한 사랑을 주는 장면을 목격한 적이 있다.

"(토토 머리를 쓰다듬으며) 토토야! 너는 사랑받기 위해 태어났어!"

순간 내 가슴에 찌릿함을 느꼈다. '사랑받기 위해 태어난 사람'은 매일 밤 아이를 재워줄 때 내가 아이에게 입이 닳도록 해주던 말이다. **나의 언어는 곧 아이의 언어가 되었다.**

아이는 밤마다 엄마에게 들은 말을, 애착 인형에게 그대로 표현하고 있었다. 그 모습을 바라보며 '훗날 아이가 자식을 낳고 키울 때, 내가 했던 말 그대로 사랑을 나누겠구나!' 생각하니 입가에 미소가 절로 나왔다.

난 밤마다 아이에게 사랑 고백을 한다.

"엄마는 네가 공부를 잘해도 사랑하고, 공부를 못해도 사랑하고
네가 운동을 잘해도 사랑하고, 운동을 못 해도 사랑하고
착한 행동을 해도 사랑하고, 말썽을 부려도 사랑하고

너의 존재 그 자체를 사랑해. 너는 사랑받기 위해 태어난 사람이야.

엄마는 오늘도 너를 사랑하고, 어제도 너를 사랑했고, 내일도 너를 사랑할 거야!

다음에 태어나도 꼭 엄마 자식으로 태어나길 바랄게.

엄마도 다시 태어나면 너의 엄마로 태어나 더 많이 사랑하고 아껴줄게. 사랑해."

결국 **사랑은 대물림이요, 부모의 언어도 대물림된다**는 너무나 당연하지만, 중요한 사실을 깨달았다.

화목한 가정을 만드는 방법

아이가 있는 가정에서 화목한 가정을 만드는 것은 아이의 정서적 안정과 가족 구성원 모두의 행복을 위해 매우 중요한 일이다. 다음은 화목한 가정을 만들기 위한 몇 가지 방법이다.

1. 서로 존중하기

- **개인 시간과 공간 존중**: 각 가족 구성원의 개인 시간과 공간을 존중해 주어야 한다. 부모와 자녀 모두가 자기만의 시간을 갖는 것이 중요하다.
- **의견 존중**: 각자의 의견을 존중하고 경청하는 자세를 갖춰야 한다. 아이의 생각과 감정을 무시하지 않고 진지하게 들어주자.

2. 긍정적인 의사소통

- **개방적 대화**: 모든 주제에 대해 자유롭게 이야기할 수 있는 환경을 만들자. 문제가 있을 때도 감정적으로 대응하기보다는 해결책을 찾기 위해 대화해야 한다.
- **감정 표현 장려**: 가족 구성원들이 자신의 감정을 솔직하게 표현할 수 있도록 장려하고, 서로의 감정을 이해하려고 노력해야 한다.

3. 가족 활동 계획

- 정기적인 가족 시간: 주기적으로 가족이 함께하는 시간을 마련하자. 함께 영화를 보거나 게임을 하는 것과 같은 간단한 활동도 좋다.
- 특별한 이벤트: 가족 여행이나 특별한 이벤트를 계획하여 가족 간의 유대감을 강화하자.

4. 역할 분담

- 가사 분담: 가족 구성원 모두가 가사 일을 분담하여 공동의 책임감을 느끼도록 하면 좋다. 아이도 나이에 맞는 간단한 집안일을 맡을 수 있다.
- 협력 강조: 가족 구성원들이 협력하여 문제를 해결하는 방식을 가르치고 실천할 수 있다.

5. 일관된 규칙과 규율

- 명확한 규칙: 가정 내에서 지켜야 할 규칙을 명확히 정하고 일관되게 적용해야 한다. 규칙은 공정하고 합리적이어야 한다.
- 일관된 규율: 규칙을 위반했을 때 일관된 규율을 적용하여 아이가 예측할 수 있고 안전하다고 느끼게 해야 한다.

6. 함께 성장하기

- **공동 학습**: 가족이 함께 새로운 것을 배우는 시간을 가지면 좋다. 요리, 새로운 언어, 운동 등 다양한 활동을 통해 함께 성장할 수 있다.
- **자기 계발 지원**: 각자의 목표와 꿈을 지지하고 응원해 주자. 서로의 성장을 지켜봐 주고 격려하면 더욱 좋다.

7. 애정 표현

- **사랑 표현**: 자주 사랑한다고 말하고 스킨십을 통해 애정을 표현하자. 아이에게 따뜻한 포옹을 자주 해주면 더 좋다.
- **서프라이즈**: 작은 선물이나 특별한 편지로 사랑을 표현한다. 일상 속에서 작은 서프라이즈를 통해 서로의 애정을 확인할 수 있다.

8. 건강한 생활 습관

- **규칙적인 식사**: 가족이 함께하는 식사 시간을 정기적으로 가지자. 함께 식사하며 대화하는 시간은 가족 간 유대감을 강화할 수 있다.
- **운동과 활동**: 함께 운동하거나 야외 활동을 즐기는 것은 건강을 유지하고 스트레스를 줄이는 데 도움이 된다.

토론보다 아이의 정서가 먼저다

2023년 경기도에 있는 백화점 인근에서 끔찍한 사건이 벌어졌다. 20대 초반 청년이 차량으로 사람을 치고, 또 흉기로 난동을 부려 시민 14명에게 중상을 입힌 것이다. 이 중 한 명은 안타깝게도 사망을 한 사건이다. 범인은 평범한 고학력 중산층 집안에서 자란 영재 출신임이 확인되었다.

아이는 중학교 3학년 재학 당시 올림피아드에 참가해 입상도 하고 수학에 재능을 보였다. 하지만 특목고가 아닌 일반고에 진학하면서 비뚤어지기 시작하였다. 급기야 영재 출신으로 프로그래머를 꿈꾸며 공부해왔던 아이는 수년 뒤 '외톨이 테러범'으로 돌변한 것이다.

신문 기사 내용 중 가장 마음에 걸리는 문구가 있었다.

'형처럼 좋은 특목고에 가지 못했다. 이런 시시한 일반고는 안 다닌다' 라며 자퇴를 선택했다.

기사 내용 중

범인의 친형은 특목고에 진학한 후 명문대에 입학했다. 아이를 키우는 처지에서 이 사건을 그냥 지나칠 수가 없었다. 언론 또한 '묻지마 칼부림'이 증가하는 원인을 분석하기 시작했다. 그중 한 교수는 "심리적으로 불안한 이들이 타인의 범죄를 접한 후 억누른 자신의 분노를 표출하기 위해 탈출구로서 그대로 범죄를 모방하는 것(배상훈 우석대 경찰행정학과 교수)"이라고 분석했다.

아래 내용은 질문 기법을 활용하여 사건을 바라본 내용이다.

- 모범생이었던 영재 출신이 외톨이 테러범으로 변화한 이유가 무엇일까?
- 형은 특목고를 갔는데, 자신은 일반고를 진학했을 때 어떤 심정이었을까?
- 일반고를 시시한 고등학교라고 생각하게 된 과정에는 어떤 요인이 숨어있을까?
- 특목고 진학 실패 이후 삐뚤어지기 시작했을 때, 옆에서 부모가 해줄 수 있는 말과 행동은 무엇이 있을까?
- 일반고를 진학 후 자퇴를 결정했을 때, 그 과정을 지켜보는 부모님의 심정은 어떠했을까?
- 테러범이 아닌, 자기 삶에 만족하고 행복한 삶을 살기 위해서는 어떤 노력이 필요했을까?

이 사건을 단순히 인격 장애자가 우발적으로 저지른 범행으로만 생각하지 말자. 일명 엄친아로 남들이 부러워하는 수학 영재인 꿈 많던 아이가,

자신의 목표를 달성하지 못해 결국 정서가 무너져버린 안타까운 사건이다.

정서적 안정을 위해서 밥상머리 소통은 매우 중요하다. 가족들과 함께 식사하는 것은 기본적인 예절을 배울 수 있는 것은 물론 심리적인 안정감을 얻을 수 있는 긍정적인 효과가 있다. 일주일에 5회 이상 가족과 식사를 하는 아이는 그렇지 않은 아이보다 흡연 및 음주 경험률이 약 30~40% 정도 낮다는 콜롬비아대학의 연구 결과가 이를 뒷받침한다.

가족과의 식사 횟수가 많을수록 가족과의 관계가 좋아지고 우울증과 자살률이 떨어진다는 놀라운 결과이다.

밥상머리 소통의 꾸준함은 가족에게 반드시 필요한 요소이다. 부모는 항상 아이의 미래를 멀리 봐야 한다. 대화 몇 마디 더 하고, 토론 몇 분 더 하는 건 중요하지 않다. 아이의 마음을 헤아리고 정서를 생각해야 부모와 자녀와의 관계도 좋아진다.

아이의 정서적 안정을 위해 필요한 9가지 방법

아이의 정서적 안정을 위해 부모가 할 수 있는 노력들은 궁극적으로 아이의 전반적인 행복과 건강에 큰 영향을 미친다. 다음은 부모가 아이의 정서적 안정을 위해 할 수 있는 여러 가지 방법이다.

1. 안정적인 가정환경 제공

- **안정된 일상생활:** 일정한 식사 시간, 수면 시간, 놀이 시간 등을 유지하여 아이에게 예측할 수 있는 일상을 제공한다.
- **안전한 환경:** 신체적, 정서적으로 안전한 환경을 만들어 준다. 가정 내 폭력이나 심한 언쟁을 피하고, 아이가 편안함을 느낄 수 있는 공간을 제공한다.

2. 애정과 관심 표현

- **사랑과 애정:** 자주 사랑을 표현하고, 포옹 등 신체적인 애정을 보여준다.
- **질 높은 시간:** 아이와 함께 보내는 시간을 늘리고, 그 시간 동안 집중적으로 아이에게 관심을 기울여준다.

3. 일관된 양육

- **명확한 규칙:** 가정 내에서 지켜야 할 규칙을 명확히 하고 일관되게 적용한다.
- **일관된 훈육:** 아이가 규칙을 위반했을 때는 일관된 방식으로 훈육하되, 처벌보다 교육적인 접근을 선호하는 게 좋다.

4. 자기표현 장려

- **감정 표현:** 아이가 자신의 감정을 솔직하게 표현할 수 있도록 장려하고, 다양한 감정에 관해 이야기한다.
- **창의적 활동:** 그림 그리기, 음악, 춤, 놀이 등 다양한 창의적 활동을 통해 감정을 표현할 기회를 제공한다.

5. 긍정적 강화

- **칭찬과 격려:** 아이의 작은 성취라도 칭찬과 격려를 아끼지 않는다.
- **포상:** 긍정적인 행동에 대해 보상을 제공하여 아이가 자신의 행동이 중요하다는 것을 느끼게 한다.

6. 역할 모델되기

- **긍정적인 본보기:** 부모가 스스로 감정을 잘 조절하고 긍정적으로 대처하는 모습을 보여준다.

- **건강한 스트레스 관리**: 부모가 스트레스를 건강하게 관리하는 모습을 보여주어 아이가 이를 모방할 수 있게 한다.

7. 자기 주도성 키우기

- **결정권 부여**: 아이가 자신의 선택을 할 수 있도록 기회를 주고, 작은 결정도 스스로 하게 한다.
- **책임감 부여**: 나이에 맞는 책임을 부여하여 아이가 자신감을 느끼고 자존감을 키울 수 있도록 한다.

8. 정서적 지원

- **문제 해결 도와주기**: 아이가 문제에 직면했을 때 함께 해결책을 찾고, 필요한 정서적 지원을 제공한다.
- **위로와 지지**: 아이가 힘든 상황에 부닥쳤을 때 위로하고, 지지하는 태도를 보인다.

9. 사회적 관계 형성

- **사회적 상호작용**: 친구들과의 놀이 시간을 장려하고, 사회적 기술을 배울 기회를 제공한다.
- **가족 활동**: 가족과 함께하는 활동을 통해 소속감을 느끼게 한다.

2) 남들이 하는 다양한 소통 사례 훔쳐보기

난 꿈이 없어요 - 일상 대화

아이가 갑자기 "엄마, 난 꿈이 없어요."라고 말했다. 아이의 말을 주의 깊게 경청하니, 무심하게 던진 말도 밥상머리 소통의 주제가 되었다.

엄마: 그렇구나. 꿈이라고 하면 뭔가 어렵고 거창하게 느껴질 수 있어. 네가 좋아하는 것과 하고 싶은 것이 무엇인지 생각해 보는 거 어때? 아니면 다양한 직업의 종류를 함께 알아볼까?

아이: 직업의 종류는 알고 있는데, 나중에 무엇을 해야 할지 모르겠어.

엄마: 우리 아들이 그동안 많은 고민이 있었구나. 넌 이제 12살인데 그건 당연한 거야. 지금은 많은 것을 경험하고, 무엇을 할 때 마음이 끌리는지 찾아보는 것이 중요해.

아이: 난 편의점 같은 장사는 하기 싫어. 왜냐하면 편의점은 밤에 일할 때 나쁜 사람들이 오면 무서워.

엄마: 우와. 벌써 그런 생각까지 한 거야? 그렇다면 아침에 출근해서 저녁에

퇴근하는 그런 일을 하고 싶은 거야?

아이: 응. 난 회사원이 될 거야.

엄마: 같은 회사 안에도 여러 부서가 있어. 자동차를 좋아하니 현대 자동차를 생각해 볼까? 현대라는 회사는 사무실에 앉아서 일하는 사람도 있지만, 자동차 부품을 만드는 사람, 자동차를 파는 사람도 있지. 최근에 차 살 때 친절하게 설명해 준 아저씨 기억하지?

아이: 응. 이것저것 설명해 줬지. 그리고 자동차를 디자인하는 사람도 있어.

엄마: 그렇지. 역시 자동차를 좋아하니 너무 잘 알고 있네. 엄마 같은 경우에는 회사에서 직원들을 교육하는 교육팀에 있었어. 즉, 회사 사람들 앞에서 강의하는 거지. 모두 회사에 다니는 사람들이지만 부서에 따라 다양한 일을 하지?

아이: 회사에 들어가는 것도 시험을 봐야 해?

엄마: 면접이라는 것을 보지. 면접은 서류 면접과 대면 면접이 있는데, 서류 면접은 그동안 내가 어떤 사람인지를 증명하는 이력서와 자기소개서를 제출해야 해.

아이: 그럼 공부 잘하는 사람만 뽑아?

엄마: 음. 네가 면접관이라면 어떨 거 같아? 한 명은 서울대 졸업했고, 한 명은 고졸이야.

아이: 나는 서울대 간 사람을 뽑지.

엄마: 왜?

아이: 서울대 간 사람은 하기 싫은 공부도 열심히 했으니 성실할 거 같아.

엄마: 맞아. 그건 사실이지. 그런데 또 대면 면접이라는 게 있어. 면접에는 내가 왜 이 회사에 입사했는지, 무엇을 하고 싶은지 자신이 생각을 전달해야 하는데 만약 서울대 졸업은 했지만, 의욕도 없고 자신감도 없고 말도 버벅거린다면?

아이: 안 뽑겠지.

엄마: 맞아. 학력도 중요하지만, 함께 어울리고 생각을 정확하게 전달하는 능력도 중요해.

아이: 이력서가 뭐야?

엄마: 내가 어떤 사람이고, 그동안 무슨 일을 했는지 정리한 자료라고 생각하면 돼. 엄마 이력서 한번 보여줄까?

실제로 엄마가 작성한 이력서를 보더니 아이의 눈빛은 더 초롱초롱 빛났다.

엄마: 여기 한 줄의 경력이 있지? 별거 아닌 거 같지만 엄마에게는 큰 의미가 있어. 매일 회사 다니는 게 지겨워서 가기 싫은 날도 분명히 있었는데, 그걸 이겨냈더니 결국 이렇게 경력을 쓸 수 있었던 거야. 덕분에 엄마는 승진도 하고, 더 좋은 회사에서 일할 수 있었지. 여기를 채워나가는 사람이 되어야 해. 아무것도 도전하지 않고 하지 않은 사람은 이력서에

쓸 내용이 없을 거야.

아이: 아 그렇구나.

진솔한 대화를 마치고 샤워를 마친 아이가 나에게 또 묻는다.

아이: 만약에 내가 다녔던 대학을 이력서에 거짓말로 쓰면 어떻게 돼?

엄마: 이력서에 쓰는 내용은 사실만 써야 해. 그래서 증명 서류를 함께 제출
하지. 대학교를 졸업하면 졸업증명서가 있어. '이 사람이 이 학교를 졸
업했다!'라고 증명해주는 서류가 있어.

아이: 아~~

나는 생각했다. 아이는 목욕하면서도 머릿속에서 계속 꿈에 대해 생각했
구나.

추가 질문을 한 것으로 나는 알 수 있었다.

나 풋살 관두고 싶어요 - 의견 토론

"엄마 나 풋살 이제 관두고 싶어요." 학교 다녀온 후 아들이 건넨 말이다.

학교 특화 프로그램 추첨을 통해 운이 좋게 당첨이 된 풋살. 그런 풋살을
관두고 싶어 한다. 체력을 향상할 좋은 기회인데 중간에 포기한다니 참으

로 안타까웠다.

난 아이와 관련 내용으로 생각 나누기를 시도했다.

엄마: 왜 관두고 싶다고 생각했어?

아들: 같이 다니는 친한 친구가 관두고 싶다네. 그럼 나도 그만하고 싶어.

엄마: 그렇구나. 그동안 열심히 했는데 중간에 그만두는 건 좀 아쉬운걸. 엄마 생각에는 네가 끝까지 해보는 게 좋을 거 같은데.

아들: 내가 풋살을 선택한 이유는 친한 친구랑 같이 놀려고 신청한 건데.

엄마: 이번 기회에 새로운 친구와 친해지는 기회라고 생각하면 어떨까? 풋살로 친해진 친구가 6학년 때 같은 반이 될 수도 있고, 중학교 때 같은 반이 될 수도 있잖아.

아들: 솔직히 나는 풋살이 아주 재밌지는 않아! 그때 당첨된 거니깐 그냥 다닌 것도 있어.

엄마: 그렇구나. 그런데 어떤 일을 시작할 때 처음부터 재미를 느끼는 사람은 별로 없어. 꾸준히 하다 보면, 익숙해져서 잘하게 되고, 잘하니깐 재미가 있는 거야. 엄마는 네가 풋살에 재미를 느끼기 전에, 중간에 그만두는 게 아쉽다는 거야. 하기 싫다고 중간에 관둔다면 그동안 너를 정성껏 가르쳐주셨던 선생님 기분은 어떨까?

아들: 별로 좋지 않겠지. 그래도 관둔다고 크게 문제 되는 건 없잖아.

엄마: 당장 크게 문제 되는 건 없지. 하지만 끝까지 해냈을 때 느낄 수 있는 성

취감도 있어. 앞으로 살면서 하기 싫고, 그만두고 싶은 일이 얼마나 많을까?

딸: 맞아! 아빠도 회사 다니기 싫을 때도 있는데 계속 다니잖아.

엄마: 맞아! 무슨 일이든 10년간 꾸준히 하면 전문가가 된다는 말도 있잖아.

엄마: 풋살을 다녀야 하는 이유와 그만두고 싶은 이유를 정리해 봤으면 좋겠어.

아들: 한번 생각해 볼게.

엄마: 잘 생각해 보고, 엄마도 너의 결정을 존중할게. 그리고 혹시 그 결정이 안 다닌 것으로 결정되었다면, 네가 직접 선생님에게 그만두겠다고 말하는 게 좋겠어. 너의 선택이니 마무리도 네가 잘 해결해야지.

아들: 알겠어요.

아들은 노트에 자기 생각을 정리하기 시작했다.

[다녀야 하는 이유]

100명도 아닌, 50명도 아닌, 20명도 아닌, 15명만 신청해서 당첨된 것이고, 공짜로 참여할 기회이다.
여기서 그만두면 아깝고, 선생님도 기분이 별로일 것이다.
운동하면 건강이 좋아진다.

짧은 글이었지만, 자기 생각을 정리하여 스스로 결정하도록 하는 좋은
기회였다.

밥상머리 소통의 효과를 조금은 맛본 날이었다. 이제 조금씩 뭔가 되고
있다는 생각이 들었다. 이 느낌은 달콤했다. 그동안 애쓴 나에게 주는 선물
같았다.

밥상머리 소통 이후 생긴 변화

– 아이의 말을 흘려듣지 않으니, 더욱 세심하게 경청한다.

– 세심하게 경청하니, 아이의 관점에서 한 번 더 생각한다.

– 아이의 처지를 생각하니, 엄마의 생각을 일방적으로 강요하지 않는다.

– 강요하지 않으니, 아이는 편안하게 자신의 의견을 말하기 시작한다.

– 아이의 의견을 존중하니, 스스로 결정하도록 선택권을 주는 여유가 생
  긴다.

밖에서 햄버거 먹고 싶어요 - 의견 대립 토론

일상생활 속에서 가장 빈번하게 발생하는 의견 대립 상황은 음식 메뉴를 고를 때일 것이다.

아래 내용은 똑같은 상황에서 부모가 어떤 반응과 대화를 유도하는지 가상 시나리오를 작성 후 실제 아이에게 적용한 내용이다.

사례 1

엄마: 오늘 점심 뭐 먹으러 갈까?

아이: (성의 없는 말투로 단답형) 나는 햄버거.

엄마: (어이없다는 표정으로) 지난주에 먹었잖아, 다른 거 먹자.

아이: 왜 맨날 엄마가 먹고 싶은 것만 먹어?

엄마: 뭔 소리야? 지금까지 네가 먹고 싶은 거 위주로 먹었지. 엄마도 이제 엄마 먹고 싶은 거 먹고 살 거야.

아이: 난 햄버거랑 콜라가 제일 맛있던데.

엄마: 그러니 살만 엄청나게 찌지. 움직이지도 않고 맨날 게임이나 하고 어쩌려고 그래? 엄마가 너만 했을 때는, 햄버거에 햄도 모르고 살았어.

아이: (딴짓하면서) 에잇! 마음대로 해. 난 그냥 집에서 라면이나 끓여 먹을래.

엄마: 너는 왜 네 마음대로 하려고 하니?

아이: 어차피 내가 먹고 싶은 거 먹지도 않을 거면서 왜 물어봤어?

엄마: (뒤돌아서며) 됐다. 그만하자. 가서 공부나 해.

사례 2

엄마: 오늘 점심 뭐 먹으러 갈까?

아이: (성의 없는 말투로 단답형) 나는 햄버거.

엄마: (눈을 마주치고 끄덕이며) 오늘 햄버거를 먹고 싶구나.

　　그런데 어제도 치킨을 먹었는데 이왕이면 몸에 좋은 거 먹으러 가는
　　거 어때?

아이: 몸에 좋은 음식이 뭐가 있는데?

엄마: 근처에 새로 생긴 초밥집도 있고, 오늘이 복날이니 삼계탕도 좋지
　　않을까?

아이: 새로 생긴 초밥집 아빠랑 가봤는데, 비싸기만 하고 배도 안 차고 별
　　로였어. 햄버거는 할인 쿠폰도 있어서 저렴하게 먹을 수 있어.

엄마: 그래. 너의 말에도 공감해. 초밥집은 가격에 비해 양이 적다고 느낄
　　수 있지.

아이: 엄마! 친구들도 요즘 복날, 복날 그러던데 복날이 도대체 뭐야?

엄마: 복날은 초복, 중복, 말복 이렇게 삼복이 있는데, 1년 중 가장 더운
　　시기야. 더위 앞에 잠깐 엎드린다고 해서, '엎드릴 복' 자를 써서 복

날이라고 불러! 엄마도 할머니가 복날에 꼭 삼계탕을 끓여주셨어. 먹고 더위를 물리치라는 의미지.

아이: 그거 다 삼계탕집에서 만든 상술이야. 옛날 미신을 믿는 거야?

엄마: 그렇게 생각할 수도 있지. 그런데 여름철에는 땀이 많이 나잖아. 체온조절을 위해서 국물류나 단백질이 많이 들어있는 닭고기 좋아.

아이: 햄버거에도 고기 들어있고, 양상추, 양파 같은 야채도 들어있어. 그리고 매일 먹겠다는 것도 아니고, 주말에만 먹자는 거잖아.

엄마: 최근에 기사를 봤는데 햄버거 안에 들어있는 고기는 미리 만들어 냉동하고 다시 꺼내고 굽는 과정에서 영양소가 파괴된대. 몸에 안 좋은 물질들이 생성되는 거지. 그리고 고기와 빵을 혼합해서 먹는 식사가 가장 나쁜데, 그게 바로 햄버거라는 거야.

아이: 그렇다고 햄버거를 안 먹고 살 수는 없어. 나도 먹는 재미를 느끼고 싶다고!

엄마: 그건 인정해. 무조건 먹지 말라는 건 아니고 좀 줄여보자는 거야. 한 달에 한 번 우리 집 주말 메뉴는, 엄마가 아닌, 네가 '스스로 정하는 날'로로 해보는 거 어때?

아이: 내가? 오~ 그거 좋은데!!

엄마: 요즘에 네가 땀도 많이 흘리고 힘들어하는 거 같아서 이왕 먹는 거, 좋은 음식으로 건강해졌으면 좋겠다는 게 엄마의 마음이야. 어떤

음식을 먹을지 잘 생각해 봐. 너의 의견을 존중할게.

아이: 알겠어. 엄마! 몇 년 전에 나보다 작았던 친구가 지금은 훨씬 키가 커졌어. 나도 키 크고 싶어. 나도 맨날 햄버거만 먹겠다는 건 아니니깐. 좋은 음식을 골라볼게.

엄마: 우와~ 엄마가 말하는 것도 잘 들어주고. 좋은 음식까지 골라본다고 하니 기대되는걸. 우리 아들 역시 멋지다!

실제로, 사례 2의 대화를 적용해 본 결과, 의외로 아이를 쉽게 설득하여 건강에 좋은 음식을 먹으러 간 경험이 있다. 안 될 거라고 포기하지 않고 실제 적용해 보니 의외로 술술 풀리는 느낌이 들었다.

토론 덕분에 나의 꿈이 생겼어요 - 아이의 놀라운 변화

2023년 9월의 어느 날이었다. 초등학교 학교 공지문을 받았는데, 아래 내용이 담겨 있었다.

9월 4일 전국적으로 일부 선생님들이 '교육을 멈추는 날'에 참여할 의사를 밝힌 바, 교육 과정의 정상적인 운영이 차질을 빚을 수 있음에 먼저 학부모님들께 양해의 말씀을 구합니다.

서울 서초구의 한 초등학교에서 2년 차 20대 교사가 스스로 목숨을 끊었다. 악성 민원과 학부모 갑질로 벌어진 안타까운 사건이다. 서이초 교사 49재를 앞두고 교사들의 대거 집회 참여로 정상적인 수업이 어렵다는 안내문이다.

등교를 하루 앞둔 상황에서 이 사건에 대해 아이와 심도 있는 대화를 나누고 싶었다.

다소 무거운 내용이라 사건을 객관적으로 전달하는 뉴스 보도 영상을 찾아보는 거로 시작했다. 아래 내용은 실제 아이들과 함께 활동했던 내용이다.

1) 하브루타 질문 만들기

영상을 시청 후 아이의 생각이 궁금해서 '질문 만들기'를 시도했다. 유대인 교육법인 하브루타 질문 만들기는 **[내용 질문->상상 질문->적용 질문->종합 질문]** 순서대로 적용하면 더 체계적인 질문을 만들 수 있고, 상황을 논리적으로 분석할 수 있다.

▶ 1단계: 내용 질문
  - 텍스트나 상황을 통해, 나타나 있는 사실들을 알아보기 위한 질문이다. 핵심 내용의 의미, 특정 상황의 의미, 육하원칙 요소로 질문

을 만든다.

√ '언제 일어난 일인가?'

√ '서이초등학교는 어디에 있는 학교일까?'

√ '전국 교사들이 추모를 위해 몇 명이나 모였을까?'

√ '9월 4일 집회 때 모여서 무엇을 하는 걸까?'

√ '이 사건이 왜 유명해진 걸까?'

▶ 2단계: 상상 질문

 - 텍스트나 상황에 나타나 있지 않는 사실을 가정, 추론으로 상상하는 질문이다. 나타나 있는 사실도 육하원칙을 적용하면 더 많은 상상 질문이 가능하다.

√ '왜 교사가 죽었을까?'

√ '얼마나 스트레스를 받았을까?'

√ '왜 교사들을 괴롭혔을까?'

√ '같은 교사들의 마음은 어떨까?'

√ '같은 반 아이들은 지금 어떤 심정일까?'

▶ 3단계: 적용 질문

– 나 또는 우리와의 관련성을 찾아 연관 있는 질문을 만든다.

√ '나(우리)에게도 그런 일이 생길까?'

√ '내가 어떤 행동을 하면 선생님이 싫어할까?'

√ '내가 어떤 행동을 하면 선생님이 좋아할까?'

√ '나에게 그런 일이 생기면 어떻게 해야 할까?'

√ '그런 일이 생기지 않도록 하려면 누가, 언제, 무엇을, 어떻게 준비해
  야 할까?'

▶ 4단계: 종합 질문

– 교훈이나 시사점을 찾아 질문을 만든다.

√ 나(우리)는 영상을 보고 무엇을 느꼈나?

√ 문제 해결을 위한 최선의 방안은 무엇인가?

√ 이 상황이 나(우리)에게 반성해야 할 점을 준다면, 그것은 무엇인가?

√ 이 상황이 나(우리)에게 주는 교훈은 무엇인가?

2) 질문 내용을 토대로 생각 나누기

▶ 교사 직업 장단점 생각하기

√ 장점: 방학이 있다. 회사원보다 일찍 퇴근한다. 학생보다 급식 시간에 밥을 많이 준다.

√ 단점: 말을 많이 하고 오래 서 있어야 한다. 스트레스가 많다.

▶ 선생님이 힘들거나, 기뻐했던 경험 나누기

– 아이들이 복도에서 피가 날 정도로 싸워 선생님이 힘들어하셨다.

– 과학 선생님이 다른 학교로 전근하러 가기 전에, 큰 전지에 감사 편지를 주었다.

– 선생님이 힘들어할 때 롤링 페이퍼를 선물로 주었는데 크게 감동하셨다.

▶ 서이초등학교 학생 마음 상상해 보기

– 슬픔, 미안함, 자책, 좀 더 잘해주지 못한 사실에 후회

▶ 선생님과 친구처럼 지낼 수 있을까? 주제로 찬/반 토론하기

√ 찬성: 학교에서 지내는 시간이 긴 만큼, 마음 터놓고 이야기할 수 있는 사람이 필요하다.

√ 반대: 선생님과 아이는 신분이 다르다. 친구처럼 지내면 예의를 지키

지 못하고 버릇없는 행동을 할 수 있다.

3) 비극적인 사건 NO! 해결 방안 생각하기

▶ 위험 경고 & 마음 전달 로봇 개발하기

- 선생님이 모든 상황을 주시하기 어려운 점을 고려하여, 아이들이 다투거나 위험한 상황에 경고등이 울리는 시스템 개발이 필요하다. 선생님과 학부모들 사이에 오해가 없도록, 서로의 마음이 자막으로 나오는 로봇을 개발하여 서로에게 전달하자.

▶ 역할 바꾸는 날 지정하기

- 선생님과 학생이 역할 바꾸는 날로 서로의 마음을 알아가는 시간을 가졌으면 좋겠다.

어찌 된 일인지 이날 따라 자기 생각을 거침없이 표현했다. 이 얼마나 내가 바라던 모습이었는가! 그동안 침묵으로 일관했던 아이들이 변화하기 시작했다.

아이들의 말 한마디 한마디를 경청하고, 두서없이 내용이 흘러가면 중간중간 정리해 주었다. 또한 번뜩이는 아이디어에 진심으로 칭찬해 주었다.

최근에 꿈이 없다고 말했던 아들이 마지막으로 웃는 얼굴로 나에게 말한다.

"엄마 나 꿈이 생겼어.

나는 선생님과 학생들이 평화롭게 지낼 수 있도록

도와주는 연구원이 될 거야.

우와! 나도 꿈이 생겼네.

이 토론 덕분에."

3) 가정에서 쉽게 활용하는 소통 도구

밥상머리교육 앱 활용 - 지혜톡톡

밥상머리 교육 앱 '지혜톡톡'은 아이들의 인성 교육과 가족 간의 소통을 돕기 위해 개발된 앱이다. 인성, 소통, 창의력, 비판적 사고력 등 15개 카테고리와 수천 장의 사진, 관련 질문으로 구성되어 있어 대화를 통해 누구나 쉽게 지혜를 나눌 수 있다.

또한 스마트폰에 교재를 넣은 방식으로 언제 어디서나 쉽게 접근할 수 있는 장점이 있다.

앱 다운로드 및 설치 방법

- 안드로이드: 구글 플레이 스토어에서 '지혜톡톡'을 검색한 후 다운로드 및 설치
- iOS: 앱 스토어에서 '지혜톡톡'을 검색한 후 다운로드 및 설치

사례: 지혜톡톡 이렇게 활용했어요

TIP - 감정 카드 사용방법

1. 현재 나의 감정을 고르고 대화하기
2. 오늘 가장 기억에 남는 감정을 고르고 대화하기
3. 최근에 느낀 감정 3개를 고르고 대화하기
4. 내가 지금 갖고 싶은 감정을 고르고 대화하기
5. 내가 피하고 싶은 감정을 고르고 대화하기
6. 평소에 내가 부족한 감정 고르고 대화하기

설레는 부산 여행을 다녀온 후 지혜톡톡 어플을 활용하여, 감정 이야기를 나눴다. 자신의 현재 감정을 잘 표현하는 이미지를 자유롭게 고르고, 선택한 이유를 말해보았다.

아들의 감정

1. 뿌듯: 놀이기구 기다림이 힘들었는데, 결국 놀이기구를 타서 뿌듯했어요.

2. 안타까움: 소중한 시간에 부산까지 갔는데 놀이기구를 4개밖에 못 타서 안타까웠어요.

3. 편안함: 아빠가 세심하게 여행계획을 잘 짜서 편했어요. 특히 호텔이 좋았어요.

4. 기대: 여행 출발하기 전에 엄청 설레고 기대되었어요.

5. 만족: 어릴 때부터 부산에 가보고 싶었는데, 역시 부산은 아름다운 도시여서 만족했어요.

딸의 감정

1. 지루함: 놀이기구 타기 전에 오랜 시간 대기할 때 너무 지루했어요.

2. 당황: 평일임에도 놀이동산에 너무 사람이 많아서 당황했어요.

3. 신남: 해운대 바닷가에 발을 담겼을 때 너무 시원하고 신났어요.

4. 활기찬: 부산 씨티투어 이층 버스 탔을 때 신기하고 활기가 느껴졌어요.

5. 뿌듯: 부산에 꼭 가보고 싶었는데, 진짜 여행을 다녀오니 뿌듯했어요.

엄마 감정

1. 홀가분: 여행 기간 동안 공부하라는 말을 안 해도 돼서 홀가분했어요.

2. 피곤: 너무 오랜만에 너무 많이 걸어서 피곤했어요.

3. 든든함: 남편이 여행 가이드 역할을 잘해주어서 든든했어요.

4. 평화로움: 넓은 바다를 감상하니 마음의 평화로움을 느꼈어요.

5. 감사: 건강한 모습으로 여행을 다닐 수 있어서 감사함을 느꼈어요.

보통 여행을 다녀 온 후 "재미있었다.", "신났다."의 표현이 대부분이었지만 지혜톡톡을 활용하니 다양한 감정으로 표현을 유도하는 장점이 있다.

마음을 자연스럽게 표현하는 - 감정 카드

감정 카드는 아이들과 어른들이 자신의 감정을 이해하고 표현하는 데 도움을 주기 위해 고안된 도구다. 일상 생활 속에서 피곤하고, 불편하고, 불안한 마음일 경우 감정을 잘 표현하지 못해 가족 관계가 나빠지는 경우도 많다.

세분된 감정을 알고 들여다볼 수 있어야 감정 표출을 건강하게 할 수 있다. 갈등 상황에서 자연스럽게 감정을 표현하는 도구로 유용하다.

감정 카드를 효과적으로 사용하는 방법은 다음과 같다.

1. 준비하기

- 감정 카드 준비: 감정 카드 세트를 준비한다. 각 카드에는 다양한 감정과 그에 해당하는 표정이 그려져 있다.
- 공간 마련: 편안하게 카드 활동을 할 수 있는 조용하고 편안한 공간을 마련한다.

2. 카드 소개

- 카드 설명: 감정 카드를 참가자에게 소개하고, 각 카드에 있는 감정 단어와 그림을 설명한다.
- 감정 이해: 감정의 이름과 그 감정이 어떤 상황에서 느껴지는지 이야기한다.

3. 카드 사용 방법

1) 감정 탐색하기

- 카드 펼치기: 모든 감정 카드를 테이블 위에 펼쳐 놓는다.
- 감정 선택: 아이가 현재 느끼고 있는 감정을 나타내는 카드를 선택한다.
- 감정 이야기: 아이가 선택한 카드에 관해 이야기를 나눕니다. "이 감정을 왜 선택했나요?", "이 감정을 언제 느꼈나요?"와 같은 질문을 한다.

2) 감정 일기 쓰기

- 카드 선택: 아이가 하루 동안 느꼈던 감정을 표현하는 카드를 선택한다.
- 일기 쓰기: 선택한 감정 카드를 바탕으로 감정 일기를 쓴다. 그날의 경험과 그 경험이 어떻게 그 감정을 일으켰는지 적는다.

3) 감정 게임

- 카드 뽑기: 무작위로 카드를 뽑는다.
- 상황 연기: 뽑은 카드의 감정을 표현하는 상황을 연기해 본다. 이를 통해 감정을 더 잘 이해하고 공감할 수 있다.

4. 일상 속 활용

- 활동 후 이야기: 활동이 끝난 후, 이번 활동이 어떻게 도움이 되었는지, 어떤 감정을 더 잘 이해하게 되었는지 이야기 나눈다.
- 감정 대화: 식사 시간이나 놀이 시간 등 일상적인 시간에 감정 카드를 사용하여 대화를 나눈다.

감정 카드의 종류는 아주 다양할 수 있으나, 제작자나 사용 목적에 따라 다양한 형태와 디자인이 존재한다. 다음은 일반적으로 사용되는 몇 가지 감정 카드 종류의 예시이다.

- 기본 감정: 기본적인 감정을 나타내는 카드로서, 행복, 슬픔, 분노, 놀람, 혐오, 두려움 등과 감정 상태를 그림이나 문구로 표현함.
- 미소 카드: 다양한 미소 표정을 담은 카드로서, 다양한 정서의 웃는 얼굴을 보여주어 행복, 만족, 웃음, 유쾌함 등 긍정적인 감정을 나타내는 데 사용함.
- 감정 스케일: 감정의 강도나 정도를 표현하는 스케일 형태의 카드로서, 감정의 크기나 세기를 조절할 수 있는 척도 형태로 구성됨.
- 심리 상태 표현: 감정뿐만 아니라 다양한 심리 상태를 나타내는 카드로 피곤함, 집중력, 긴장감, 자신감, 불안함 등과 같은 심리적인 상태를 그림이나 문구로 표현함.

사례: 감정 카드 이렇게 활용했어요

엄마표 영어의 과정인 DK 프로그램이 2년간의 과정 끝에 끝이 났다. 엄마표 영어를 처음 시작했을 때, 막막하고 힘들었던 과정이 떠올랐다. 성취함과 함께 뿌듯함의 영어 루틴 성공 감정을 아이들과 함께 나누고 싶어서 감정 카드로 활용했다

아이가 꾸준히 작성했던 영어 노트

> 엄마: 우리가 처음 새로운 일을 시작했을 때 그때 나의 감정이 어땠는지 한번 찾아볼까?

다양한 감정 카드를 펼쳐 놓고 처음에 영어 DK 프로그램을 시작했을 때, 그 당시 느꼈던 각자의 마음을 찾아 단어 카드로 표현해 보았다.

아빠 감정: 흥분되다 / 싫다 / 힘들다 / 짜증 나다

엄마 감정: 불안하다 / 걱정되다 / 괴롭다 / 고맙다

아들 감정: 긴장되다 / 화나다 / 답답하다 / 무섭다

딸 감정: 기대된다 / 자신만만하다 / 설렌다

 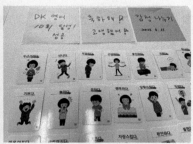

엄마: 우리는 2년 동안 그 어려운 과정을 드디어 마쳤어. 정말 그동안 우리 가족 모두 고생했어. 지금의 감정은 어떤지 한번 또 골라볼까?

아빠 감정: 감동하다 / 기대된다 / 설레다 / 미안하다

엄마 감정: 만족스럽다 / 힘이 나다 / 고맙다 / 허전하다

아들 감정: 편안하다 / 기쁘다 / 자랑스럽다 / 뿌듯하다

딸 감정: 신나다 / 행복하다 / 사랑스럽다 / 즐겁다

루틴의 성공 마무리를 감정 카드로 마무리했다. 서로의 마음을 알아주고 칭찬을 해주었더니 아이의 행동에 긍정적인 변화가 왔다. 이렇게 우리 가족은 조금씩 성장하고 있었다.

뽑는 재미로 흥미를 유발하는 - 토론 스틱

아이들이 좋아하는 뽑기로 흥미를 유발하는 동시에 자연스럽게 생각을 표현하도록 유도하는 독서 토론 교구이다. 동그란 뽑기통에 어떤 질문이 들어있을까? 기대를 하며 뽑는 재미가 쏠쏠하다.

무미건조한 일상 이야기에서 벗어나 신선하고 기발한 생각을 나눌 수 있으니 생각 연습하기 딱 좋은 교구다. 책을 읽고 책의 내용을 바탕으로 깊이 있는 대화를 나누는 독서 스틱, 다양한 상황의 생각을 유도하는 토론 스틱 등 종류는 다양하다.

토론 스틱(Talk Sticks)을 사용하여 흥미를 유발하는 방법은 다음과 같다.

1. 준비 단계

- 다양한 주제가 적힌 스틱을 준비한다. 주제는 토론의 목적과 참가자들의 관심사에 맞게 선택한다.
- 스틱을 상자나 컵에 넣어 참가자들이 뽑을 수 있도록 준비한다.

2. 참가자들에게 설명하기

- 참가자들에게 토론 스틱의 목적과 사용 방법을 설명한다. 예를 들어, 각 스틱에는 토론 주제가 적혀 있으며, 참가자는 순서대로 스틱을 뽑아 그 주제에 대해 자신의 의견을 말하는 방식이라고 설명한다.

3. 토론 진행하기

- 첫 번째 참가자가 스틱을 뽑아 주제를 읽는다.
- 주제에 대해 자신의 의견을 말합니다. 이때, 다른 참가자들은 경청한다.
- 한 명씩 돌아가면서 스틱을 뽑고 주제에 대해 이야기한다.

4. 규칙 설정

- 각 참가자가 발언할 시간을 정한다. 예를 들어, 한 명당 2분씩 발언할 수 있도록 한다.
- 모든 참가자가 공평하게 발언할 수 있도록 한다.
- 반대 의견이나 질문은 발언이 끝난 후에 할 수 있도록 한다.

사례: 토론 스틱 이렇게 활용했어요

할 일을 모두 다 하고 나니 저녁 10시가 넘어버린 시간이었다. 이래저래 할 일을 모두 하다 보면 이렇게 시간에 쫓기는 나날들이다. 피곤한 상태였지만 내 눈앞에 하브루타 토론 스틱이 보였다.

'그래! 가볍게 이거 몇 개만 뽑고 자자' 난 아이들에게 "이거 뽑아볼 사람?" 말을 던졌다.

Q. 행복하게 살려면 어떻게 해야 할까요?

딸: 좋은 생각을 많이 하고, 건강해야 해.

엄마: 맞아! 엄마도 건강이 첫 번째고, 두 번째는 욕심을 버려야 해. 살다 보면 욕심이 생길 때가 있거든. 근데 아무리 부자여도 욕심 많은 사람은 행복하지 않아. 채우지 못해 항상 마음이 불안하거든!

Q. 가장 좋아하는 책과 그 이유는 뭔가요?

딸: 생각이 안 나는데~

엄마: 최근에 읽은 책 중에 가장 기억에 남은 책은?

딸: 아! 만점짜리 도시락.

엄마: 무슨 내용이었어?

딸: 소풍 가는 날 주인공 엄마가 열이 나서 도시락을 못 챙겨주는 상황인 거야. 그래서 아이가 몰래 편의점에 가서 도시락을 사 왔어.

엄마: 왜 몰래 도시락을 사 와?

딸: 엄마가 힘드니깐! 자기가 엄마 도시락 싸지 말라고 사 온 거야. 바로 이 책이야. (거실에서 책 한 권을 가져온다.)

난 자연스럽게 책을 다시 아이들에게 읽어주었고 감정 이입하여 읽 다 보니 가슴이 뭉클해지면서 순간 눈물이 났다.

엄마: 너무 감동적이야. 소풍인데 도시락을 못 싸줄 정도로 아픈 엄마의 심정은 어떨까 생각이 들었고, 엄마를 위해 몰래 도시락을 사 온 그 아들이 너무 대견해. 소풍날 편의점 도시락을 가져가서 부끄러울 수도 있는데, 당당히 자신의 상황을 얘기하고 그걸 들은 친구들이 또 손뼉을 쳐주는 게 정말 감동이야.

독서 스틱을 몇 개만 뽑고 자야겠다고 의무감으로 시작했지만, 결국 7개의 토론 스틱으로 생각을 나누었다. 스틱 도구에 따라 아이들이 답하기에 너무 어렵지도, 너무 쉽지도 않는 적절한 난이도가 마음에 들었다.
시작해보니 새로운 관점에서 아이들의 생각을 들을 수 있었고, 덤으로 나에게는 감동이라는 것이 선물로 온 기분이었다.

밑줄 쫙쫙 부담 없는 - 어린이 신문

어린이 신문은 읽기 난이도가 적절하게 조절되어 있어 읽기 능력을 향상시킬 수 있고, 그 외에도 이해력과 어휘력을 키우는 데 도움이 된다. 또한 다양한 주제의 기사를 제공하여 폭넓은 지식을 습득할 수 있고 과학, 역사, 사회 문제 등 여러 분야에 대해 호기심을 자극한다.

신문을 통해 자기 주도적으로 공부하는 습관을 기를 수 있으며 신문에 나와 있는 다양한 주제로 부모 자녀 간의 자연스러운 대화로 이끌어낼 수도 있다.

어린이 신문 종류

▶ **어린이 동아:** 동아일보에서 발행하는 유료 부수 1위 어린이 신문이다. 주 5일 발행되는 일간지로(주말, 공휴일은 발행되지 않음) 다양한 교육 콘텐츠와 흥미로운 기사를 제공한다. 크기는 어른 신문의 절반 정도이며 8페이지로 하루에 보기 부담 없는 양이다. 그림과 만화 비중이 커서 입문자가 읽기에 적합하며 초등학교 저학년생에게 추천한다.

▶ **어린이 조선일보:** 우리나라 최초의 어린이 신문이다. 주 5일 발행되는 일간지이며, 글의 내용이 많은 편이고 어휘도 어려워 초등 고학년부터 중학생에게 추천한다. 다양한 읽을거리로 내용이 알차고 구성이 만족스럽다는 평이다.

▶ **소년중앙:** 앞서 두 신문과는 달리 소년중앙은 주간지다. 주 1회 배송되는 만큼 일간지에 비해 지면 수가 많고, 내용도 알차다. 어린이 잡지와 비슷한 느낌으로 초등 고학년부터 중학생에게 적당한 수준이다.

▶ **알바트로스:** 6세 아이부터 성인까지 다양한 수준과 성향에 따라 단계를 선택할 수 있고 언제든지 변경이 가능하다는 장점이 있다. 주 1회 발행되며 구독 신청하고 결제하면 여러 레벨의 샘플 신문을 보내주는데 이 중에서 한 가지를 선택하면 다음 주부터 받아볼 수 있다.

▶ **어린이 경제신문:** 경제교육의 중요성이 날로 커지는 만큼, 경제에 관심 있는 아이에게 추천한다. 경제를 바탕으로 하나 사회 · 과학 · 역사 · 문화 등 다양한 주제의 기사가 실려있다. 주 1회 발행되는 일간지이며 초등 고학년부터 중학생에게 추천한다.

▶ **주니어 생글생글:** 한국경제신문에서 발행하는 어린이, 청소년용 경제 · 논술 신문이다. 신문보다는 잡지의 느낌이 강하며 주 1회 우편으로 배송된다.

어린이 신문 활용 방법

√ **정기 구독:** 가정이나 학교에서 어린이 신문을 정기적으로 구독하여 꾸준히 읽을 수 있도록 한다. 일정 시간을 정해두고 신문을 읽는 습관을 들이면 좋다.

√ **토론 활동:** 신문 기사를 읽고 친구들이나 가족과 함께 토론해 보는 것도 좋다. 기사 내용을 요약하고 자기 생각을 말하며 논리적 사고와 표현력을 키울 수 있다.

√ **기사 스크랩:** 흥미로운 기사나 중요한 내용을 스크랩북에 모아두는 것도 유용하다. 나중에 다시 읽어보면서 기억을 되살리고, 자료를 정리하는 방법을 배울 수 있다.

√ **작성 활동:** 신문 기사를 읽은 후 요약문을 작성하거나 관련된 자신의 의견을 에세이로 써보는 것도 좋은 방법이다. 글쓰기 능력과 창의력을 함께 향상할 수 있다.

√ **프로젝트 학습:** 신문에 나오는 주제를 바탕으로 프로젝트를 진행해 볼 수도 있다. 예를 들어 환경 문제에 관한 기사를 읽고, 환경 보호 캠페인을 기획하거나 자료를 조사하여 발표하는 활동 등을 할 수 있다.

이러한 방법들을 통해 어린이 신문을 효과적으로 활용하여 다양한 학습적, 인지적 능력을 키울 수 있다. 하지만, 아무리 좋은 것을 구독해도, 읽지 않으면 필요 없는 종이일 뿐이다. 과연 매주 쌓여가는 신문을 볼 때마다 스트레스를 받으면서 골칫덩어리 폐품으로 남길 것인가? 아니면 가성비 최고의 자료로 활용할 것인가?

중요한 것은 신문 구독 후, 본격적으로 각 잡고 읽는 것 아니라 관심 있는 내용 위주로 읽고, 기록해 두고 싶은 내용은 스크랩도 하면서 매일 가볍게 접근하는 방법을 추천한다. 신문 읽기는 아이에게 맞는 콘텐츠도 중요하지만, 지속 가능한 것이 핵심이기 때문이다.

사례: 어린이 신문 이렇게 활용했어요

아이 스스로 자발적으로 매일 보기는 사실상 힘들다. 그래서 무조건 익숙해질 때까지 온 가족이 함께 신문을 읽자는 마음가짐으로 어린이 경제 신문을 구독했다. 처음 시작은 만화든, 퀴즈든 아이가 흥미를 느끼는 부분을 선택하여 읽었다.

딸: (신문을 보며) 엄마 한국은행도 있어? 길거리에서 한국은행을 본 적이 없는데….

엄마: 오~ 그러네. 우리 동네에서 국민은행, 우리은행 등은 많이 봤어도 한국은행을 본 적은 없지? 왜 그런지 같이 기사를 읽어볼까?

신문 기사를 통해 우리가 흔히 알고 있는 은행은 일반인이나 기업 상대로 일하지만, 한국은행은 정부와 금융회사가 거래하는 은행으로, 화폐를 발행하고 나라 재산을 보호하는 역할을 하고 있음을 아이는 알게 되었다.

딸: 아~ 그래서 내가 그동안 한국은행을 직접 가본 적이 없구나. 그런데 잠깐! 천 원짜리에 한국은행이라고 쓰여 있었던 거 같은데.

엄마: 그러네! 우리 지폐 한번 자세히 살펴볼까?

역시나 매일 사용하는 지폐 속에는 '한국은행'이라고 적혀 있고, 덕분에 지폐의 크기도 비교해 보고, 지폐 속 역사 인물에 대해서도 한참을 이야기했다.

그날 이후 아이는 신문 속 내용은 딱딱하고 어려운 내용만 있는 게 아니라, 우리가 살아가는 현실 속 이야기를 생생하게 담은 최고의 정보지임을 알게 되었다.

누구나 쉽게 접근하는 - 독서 토론

독서 토론은 토론의 꽃이다. 그만큼 중요하고 가치 있는 일이다. 독서 토론은 책 내용을 깊이 있게 이해하고, 다른 사람과 교류하면서, 지혜를 얻는 시간이다.

독서 토론을 경험한 사람들의 반응을 보면 독서 토론이 왜 **좋은지** 알 수 있다.

- 같은 책을 읽었는데, 이런 내용이 있었구나? (깊이 있는 독서)
- 우리 아이가 이런 분야에 책에 관심이 있구나! (상대방 이해)
- 같은 책을 읽어도 저자의 의도를 다르게 인식할 수 있구나! (다양한 시 각 경험)

하지만 독서 토론이 장점이 많음에도 불구하고 가정에서 자녀와 함께 독서 토론하려고 마음먹기까지 많은 망설임이 있었다. 이유는 무엇일까?

√ 독서 토론 책 선정부터 어떤 책을 골라야 할지 난감하다.
√ 가족 구성원 모두 책을 처음부터 끝까지 정독해서 읽어야 하는 부분이 부담스럽다.

√ 토론 주제 선정 및 발문을 만들어야 하는데 시간적인 여유가 없다.

√ 독서 토론을 이끌어야 하는데, 아이들을 집중시킬 자신이 없다.

독서 토론은 생각만큼 거창하지 않다. 독서 토론의 형태는 크게 하나의 책을 선정해서 함께 읽고 참여하느냐, 아니면 각자 다른 책을 자유롭게 가져와 참여하느냐로 구분할 수 있다.

독서 토론이 잘 되려면 재미가 있어야 하고, 참여자가 집중해야 하며, 유익해야 한다.

단, 초보자는 토론이 아닌 책을 읽은 느낌을 이야기하는 정도로 시작하길 추천한다.

1) 읽기 전 느낌(책 표지, 책 제목)과 읽은 후 전체적인 느낌 나누기

　　- 간단한 1분 토크 형식으로 가볍게 이야기하기.

2) 내가 뽑은 최고의 문장 말하기

　　- 어떤 문장이 가장 마음에 들었는지 함께 이야기하기.

3) 책 속 사건과 실제 경험 연결하기

　　- 내가 만일 책 속 인물이라면 어떻게 행동했을지 가정해보기.

4) 책을 읽은 후 떠오르는 질문 만들기 & 토론하기

　– 함께 나누고 싶은 질문 리스트 작성 후 생각 나누기.

5) 메시지 찾기로 마무리하기

　– 책 속 가장 마음에 드는 인물을 찾고 그 이유 설명하기, 느낀 점, 생
　　각한 점, 깨달은 점 말하기.

어린아이일수록 책 읽기는 학습이나 숙제가 아닌 습관, 취미가 되어야
한다. 그러기 위해서는 부모의 역할이 중요하다. 처음부터 책 읽기를 좋아
하는 아이들은 많지 않기 때문이다.

아이들과 책을 읽고 그에 대해 이야기 나누는 습관을 들여보자. 같은 책
을 읽어도 다른 사람과 내 생각이 다른 데서 다양한 관점을 접할 수 있고,
사고가 확장되며 깊어진다.

4장

꾸준함으로 승부하는
밥상머리의 힘

재산을 물려주는 부모 vs 습관을 물려주는 부모

처음에는 영차 했는데,
점점 흐지부지되는 소통 어찌하나요?

1) 당신이 밥상머리 소통을 포기하는 이유

효과는 바로 나타나지 않는다

부모는 아이를 키우면서 끊임없는 고민과 걱정을 하면서 살아간다. 행여나 나쁜 곳으로 빠지지 않을까? 사람 구실은 제대로 할까? 편식하는 습관이 성장에 방해되지 않을까? 등 다양한 물음표를 가지고 있다. 사실 고민의 주체가 내 자신이었다면 이렇게까지 답답하지 않았을 것이다. 온전히 나만 정신 똑바로 차리고 행동하면 되지만 부모 역할의 자리는 다르다.

당신이 밥상머리 소통으로 기대하는 것은 무엇인가?
대화를 통해 아이의 깊은 속마음을 알고 싶은가?
토론을 매개체로 자녀의 대학 진학에 조금이라도 도움이 되길 원하는가?

밥상머리 소통의 중요성은 알고 가정에서 시도하지만, 결국 중간에 포기하는 가정이 많다. 참으로 안타까운 일이다. 이유가 무엇일까? 바로 기대치가 높기 때문이다.

'독서 토론을 하면, 지금보다 더 책을 좋아하겠지?'

'다양한 방법으로 자극하면, 똑똑한 아이로 자라겠지?'

무언가를 시도할 때 사람마다 이상적으로 상상하는 큰 그림이 있다. 하지만 과한 기대는 오히려 상실감을 가져온다. 특히 자녀와 함께하는 과정은 순탄하게 넘어가는 일이 거의 없기 때문이다.

'초등학생 고학년인데 이 정도는 알아야 하는 거 아닌가?'

'집에서 토론을 시작한 지 한 달이 지났는데, 왜 변화가 없지?'

'논술, 토론 학원 가면 꾸준히 뭔가를 배울 텐데, 그냥 학원으로 보낼까?'

사실 밥상머리 소통으로 오히려 가정의 불화가 더 커지기도 한다. 이유는 부모가 보이지 않는 기준을 정해놓았기 때문이다. 기대가 큰 만큼 실망도 큰 법이다. 꾸준히 해야 한다는 책임감은 스트레스를 가중시키고 결국 몸과 마음은 지쳐서 서로에게 상처를 준다.

나 또한 고난과 역경을 이겨내는 심정으로 밥상머리 대화, 토론을 전투적으로 실행했다. 하지만 그럴수록 가슴속에 화만 쌓였다. 생각했다. 나는 왜 이토록 화가 나는 것일까? 내면을 들여다보았다. 이유는 분명히 있었다.

그 이유는 '내가 누구를 위해서 이렇게까지 하는데….'였다.

밥상머리 대화와 토론을 지속할수록 '너 때문에 내가 이렇게 고생한다'를
외치고 싶었다.

한마디로 보상 심리였다. 부끄럽지만 '부모도 이렇게 노력하는데, 너는
도대체 뭐 하는 거니?' 속마음이 결국 "똑바로 안 해?"로 강한 말투로 표출
된 것이다.

어떤 일에 애를 쓰고 시간을 투자하면 사람들은 본능적으로 그에 대한
대가를 원한다. 눈에 보이는 확실한 결과 말이다. 하지만, **행복을 위한 제1
원칙은 바로 기대치를 낮추는 것부터 시작된다.**

부모가 자녀에게 높은 수준의 학습 성취도를 기대할 경우, 자녀는 이에
부응하여 실제로 더 좋은 성과를 낸다는 것이 일반적인 인식이다. 하지만
영국 레딩 대학교 연구팀은 '자녀에 대한 부모의 기대가 비현실적으로 높
으면 자녀의 성적은 오히려 낮아진다'라는 연구 논문을 발표했다.

과도한 기대는 자녀에게 '불안감, 자신감 부족, 좌절'을 안겨줘 성적에 악
영향을 끼친다. 자녀의 학업 성취도를 높이겠다는 생각으로 그저 높기만
한 목표를 설정하는 경향은 가정의 행복에도 부정적인 영향을 줄 수 있다.

조급함은 꾸준함을 멈춘다

나는 엄마표 영어를 하면서 가정에서 영어 환경을 만들기 위해 부단히 애를 쓴 경험이 있다. 하루에 3시간 영어 환경 노출을 위하여, 영어 애니메이션을 항상 틀어 놓았고, 여행가는 차 안에서도 이동 시간조차 아까워 영어 집중 듣기를 시켰다.

그렇게 몰입한 결과 아이들은 영어학원을 다니지 않아도 영어 소리가 자연스럽게 들리는 마법 같은 효과를 얻을 수 있었다. 효과가 눈에 보이니 난 더 힘을 주었다.

수학은 남편에게 부탁했다. 성격이 매우 꼼꼼한 남편은 아이가 이해를 못 하면 한 시간이고, 두 시간이고 붙잡고 이해가 될 때까지 설명하고 또 설명했다.

오늘 하루만 인생을 사는 게 아닌데, 우리 아이만큼은 사교육을 보내지 말고, 어떻게해서든 집안에서 해결해 보려고 이리 뛰고 저리 뛰었다.

혹여나 아이가 허튼짓할까 봐 매일 정해진 학습량을 체크하며 일거수일투족을 감시했다. 이게 아이를 위한 최선의 방법이라며 나를 채찍질해가며, 앞만 보고 달렸다. 하지만 육아를 열심히 하면 할수록 나는 더 조급해지고 답답했다.

'자식을 잘 키워야 한다.'라는 말에는 책임감과 부담감이 동시에 담겨 있다. 잘 키워내야 하는 사람이 바로 '부모'이기 때문이다. 즉, 부모의 행동에 따라 아이의 인생이 달라질 수 있다는 생각으로, 자식을 향한 통제는 더욱 심해진다.

그러던 어느 날, 아이는 학습이 필요할 때만 다가오는 부모를 불편해했고, 그 모습이 눈에 띄었다.

가장 편안해야 할 보금자리에서 슬슬 눈치를 보고, 자신의 감정을 애써 감추는 모습에 아차 싶었다. 그리고 "다 했어?", "어서 해야지.", "빨리하고 자자." 3종 세트를 반복하며, 지나친 영어 환경 몰입으로 정작 모국어는 잘 이해하지 못하는 불편한 상황과 마주했다.

자녀가 영유아 시절에는 부모가 원하는 대로 키울 수 있었다. 내가 만든 이유식을 먹이고, 내가 고른 옷을 입혔다. 내가 원하는 방향으로 잘 보듬고 길을 안내하면 그 길을 잘 따라가겠지 생각했다.

하지만, 그건 명백한 착각이었다. 아이는 내 몸을 빌려서 세상에 나온, 또 다른 인격체였다.

부모의 조바심이 강할수록 아이는 불안하다

아이가 어릴 때는 스스로 할 수 있는 게 없으므로 부모가 먹이고, 입히고, 재우는 게 당연했다. 초등학교 저학년까지는 통제할 수 있었고 고맙게도 아이는 순순히 부모의 말을 따라주었다. 하지만 아이가 커갈수록 아이의 생각은 점점 부모의 생각과 일치하지 않고 어긋나기 시작한다.

[나를 불안하게 만드는 것들]

'나중에 커서 뭐가 되려고 저러나?'
'소심한 성격으로 친구들에게 무시당하는 거 아니야?'
'괜히 엄마표 영어를 하다가, 흐지부지돼서 더 망치는 거 아니야?'
'피아노를 너무 좋아해서, 전공하겠다고 하면 어쩌지? 예체능은 힘들다는데'
'아이들이 다 커버리면, 나 뭐 하고 살지?'

밥을 많이 먹어도 걱정, 밥을 적게 먹어도 걱정.
밖에서 너무 놀아도 걱정, 집에만 너무 있어도 걱정.
뚱뚱해도 걱정, 말라도 걱정.
말이 너무 많아도 걱정, 말이 너무 없어도 걱정.

왜 엄마들은 이토록 불안할까? 바로, 미래가 눈에 보이지 않기 때문이다.

'옆집 자식은 몇 살에 책을 읽느니, 영어 단어를 몇 개를 외운다던데, 한자 몇 급이니….'

세상 아이들은 저만치 앞서가는데 우리 아이만 뒤처지는 것 같은 중압감은 부모를 더욱 괴롭게 만든다.

부모나 학원이나 성과 위주의 교육으로 아이를 밀어붙이다 보니, 빠른 아웃풋에만 집중하고 결국 이런 과잉 경쟁 속에서 OECD 국가 중 청소년 자살률이 가장 높은 나라가 되었다.

다행히 나는 뒤늦게나마 무엇이 중요한지를 재정비했다. 가정 먼저 집안에서 이루어지는 학습을 과감하게 줄였다.

일거수일투족 감시보다는 아이가 무엇을 할 때 가장 행복한지를 관찰하고 "다 했어?"가 아닌 "오늘 해야 할 일이 뭐지?" 물어보며 함께 했다. 또한 오랫동안 고집해 왔던 엄마표 영어 환경을 과감하게 한글책을 함께 읽는 것으로 대체했다.

당신이 힘을 빼야 하는 이유

'아들 셋 서울대에 보낸 엄마'라는 제목의 유튜브 영상 중 부모에게 자녀의 적성을 어떻게 찾을 수 있는지 질문에 "내버려 두면 됩니다."라는 말이 있었다. 그 말이 당시에는 무책임하게 들렸다. 하지만 그 말을 자세히 듣고 보니, 그 말이 비로소 이해되었다. 그 말의 진정한 저의는 빈둥빈둥할 때 적성이 나오기 때문에 초조해하지 말고, 개성 하나하나를 존중해 주면서 기다리다 보면, 언젠가 자신의 적성을 드러내기 마련이라는 말이었다. 지금에서야 그 말이 이해된다.

> '세상이 뭐라 하건, 자식은 자식이고 나는 나다. 뜻대로 되지 않는 아이 때문에 속상해하지 말고, 남과 비교하며 좌절하지 말고, 내 뜻대로 내 인생을 설계하면서, 어제보다 나은 오늘을 위해 묵묵히 걸어라. 그러면 저절로 이루어진다.'
>
> 서울대 삼 형제, 가수 이적의 엄마 박혜란

중요한 건, 역시 믿고 기다리는 시간이다. 밥상머리 소통 또한 긴 장기 레이스다. 대화, 토론, 소통 능력은 참으로 정직해서 시간을 많이 투자해야 할 필수 영역이다. 과정 중에는 오르막길도 있고 굴곡이 심한 길도 있다. 따라서 아이와 대화하고 토론하는 과정이 항상 즐겁다면 이는 명백한 거짓말이다.

하지만 아이와 소통하는 자체가 즐거움으로 다가올 때는 반드시 온다.

완벽한 엄마가 아이를 망친다

밥상머리 소통 콘텐츠 개발 당시 모범적인 성공 사례 모습을 보여주고 싶었다. 가정에서 실천할 내용을 우리 아이를 대상으로 실험해 보았으나 실패의 연속이었다. 아이들에게 쏟는 시간과 정성이 미래에 대한 투자라고 생각했는데, 나의 정성에 비해 아웃풋이 나오지 않았다. 결국 가면 갈수록 흥미는커녕 그냥 다 그만두고 싶었다.

나는 완벽을 추구하는 사람이다. 일할 때 어떤 문제가 발생하면 원인을 파악하고 해결을 해야 직성이 풀린다. 그런 내가 유일하게 뜻대로 안 되는 분야가 바로 밥상머리 소통이다.

내가 계획한 대로 되기는커녕 대화가 뚝뚝 끊기고, 이어진다 해도 삼천 포로 빠져들었다. 시간이 갈수록 초심은 사라지고, 나도 모르게 날이 서 있는 날들이 많았다.

나는 아이를 바라보며 감동하고 감탄하는 엄마인가?
아니면 감독하고 한탄하는 엄마인가?

완벽을 추구할수록 포기하고 싶은 마음이 간절했다. 육아 앞에서 완벽주의는 나를 더욱 힘들게 만들었다. 나 스스로 정해진 틀에 맞추어 목표를 설정하고 그 목표를 달성하기 위해 부단히 노력했지만, 아무리 노력해도 꿈꾸는 그림을 쉽게 그릴 수가 없었다.

아이가 웅얼거리며 작은 목소리로 대답하면 "뭐라고 말하는지 하나도 안 들려. 좀 더 똑바로 말해봐."라고 다그친 적이 있다. 대화의 내용도 중요하지만, 당당하고 보다 자신감 있는 목소리를 말하는 아이의 모습을 보고 싶었다.

'물이 너무 맑아도 물고기가 살지 못한다.'

밥상머리 소통에서 완벽은 오히려 해를 끼친다. 부모가 아이의 작은 말 실수조차 용납하지 않고, 매사에 완벽한 답변을 요구한다면 어떨까? 예를 들어 아이의 엉뚱한 이야기에 "그게 말이 된다고 생각하니? 똑바로 다시 말해봐."라고 반응을 한다면, 아이는 자신감을 잃고 부모와의 대화에 압박을 느낄 수 있다.

완벽주의 부모는 아이의 모든 행동을 통제하려는 경향이 있다. 이는 아이의 자율성과 창의성을 억압하고, 독립적인 사고와 문제 해결 능력을 저해할 수 있다.

밥상머리 소통은 다소 엉뚱한 이야기라도 언제 어디서나 부담 없이 건넬 수 있는 편안한 분위기가 무엇보다도 중요하다.

우리가 지금 당연하다는 듯이 하는 것들은 여러 번 실수를 거쳐 익숙해 진 것이다.

걷는 것, 뛰는 것 등을 태어나서부터 잘하는 사람은 없다. 넘어지고, 다치고, 때로는 좌절하고 고통스러운 시간을 보내면서 체득한 것들이다. 또래보다 뒤처질 때 아이의 상태를 한탄하며, 엄마가 세운 목표에 어긋나지 않도록 감독한다면 부모와 아이 모두 배로 힘들다.

가끔은 힘을 빼도 좋다. 부모가 뺀 힘만큼, 그 사이 공간에 미처 몰랐던 일상 속 여유와 행복이 스며들 것이다.

밥상머리 소통에서 중요한 건 **완벽한 부모가 아니라, 아이와 함께하는 부모이다.**

2) 한 방에 끝나는 건 없다

누구에게나 찾아오는 위기의 순간

대한민국 엄마는 아이들 챙기랴, 퇴근하는 남편 저녁밥 챙기랴, 아이 학원 스케줄 챙기랴 항상 바쁘다. 아이는 아이대로 바쁘고 매일 최선을 다해 열심히 살지만 마음만 급해질 뿐이다.

'아이와 밥상머리 소통을 한다.'

이 한 문장 안에는 눈에 보이지 않는 수많은 일이 숨어 있다.

'아이를 간신히 깨워서 더 좋은 거 보라고, 이리저리 밖으로 돌아다닌 후 세상을 보고 느낀 점을 말해보자 했더니, 그냥 좋단다.

더 놀고 싶어 하는 아이를 붙잡아 몇 장이라도 더 읽게 하려고, 목이 터져라 책을 읽어주었더니 내용은 하나도 모르고 남매끼리 싸우고 앉아 있다.

혹시나 신문은 볼까 하고 어린이 신문을 구독하고

색연필로 밑줄 쫙쫙 그어가며 고급 지식 좀 집어넣으려는 순간

이미 눈이 반쯤 감겨 있는 아이를 보고 있자니

신문을 갈기갈기 찢어버리고 싶은 충동을 느낀 날이 하루 이틀이 아니다.'

이상을 현실로 만드는 과정은 쉽지 않다.

밥상머리에서의 소통은 한 번의 대화로 모든 문제를 해결하는 마법 같은 시간이 아니다. 오히려 소통은 작은 노력과 지속적인 반복을 통해 이루어진다. 하지만 사소한 것도 오랫동안 꾸준히 이어나가는 것은 쉬운 일이 아니다.

밥상머리 소통은 부모의 정성과 인내가 필요한 영역이다. 아이가 그날 학교에서 겪은 일, 친구와의 갈등, 기쁜 소식 등을 자연스럽게 이야기할 수 있도록 부모가 꾸준히 관심을 기울여야 한다. 아이는 처음에는 말문을 열기 어려워할 수 있지만, 부모의 일관된 관심과 배려 속에서 점차 마음을 열게 된다.

꾸준함이 최고의 비결이다

밥상머리 소통을 지속적으로 하기 위해서는 규칙적인 시간을 확보하는 것이 필요하다.

매일 저녁 식사 시간을 가족 소통의 시간으로 정했다면, 가능한 한 그 시간을 지키는 것이 중요하다. 이 시간을 통해 가족 모두가 하루의 일과를 나누고 서로의 감정을 이해하며 더욱 가까워질 수 있다.

아이와 함께 책을 읽기로 약속했다면, 하루에 읽을 양을 정해놓기보다는 투자할 시간을 정해놓고 그 시간 동안에만 몰두하는 게 좋다. 좀 더 구체적으로 '장기적으로 실천할 것'과 '단기적으로 실천할 것'을 구분하여 적절한 시기에 활용한다면 효과가 배가 될 수 있다.

물론 아이가 잘 따라오지 못하는 상황과 마주할 때 한탄스러운 날도 찾아온다. 하지만, 이 모든 과정도 지극히 정상이다. 대화와 토론을 하면서 많은 시행착오도 있겠지만 괜찮다.

지금이라도 다시 정비하면 된다. 이 모든 게 밥상머리 소통이 우리 집 문화로 흡수되는 과정이다.

처음에는 큰 변화가 없더라도, 시간이 지남에 따라 점차 가족 간의 이해와 유대감이 깊어지는 것을 느낄 수 있을 것이다.

놀 때는 신나게 놀고, 주말에는 좀 느슨하게

나는 첫째 아이를 출산하고 5년 동안 전업맘으로 살았다. 그때 온종일 아이와 함께 시간을 보냈지만 정작 놀아주는 시간은 부족했다. 놀아주고 싶어도 놀아주는 방법을 몰랐고, 육아에 지쳐서 솔직히 놀고 싶은 마음도 없었다. 함께 있는 것과 놀아주는 것은 엄연히 다르다.

부모가 5~10세 아이를 키우면서 제일 행복을 느끼는 시간은 언제일까? 대부분은 '아이가 잘 때'라고 답변할 것이다. 반대로 아이에게 제일 좋아하는 시간이 언제냐고 묻는다면 '엄마 아빠와 노는 시간'을 꼽는다.

아이는 늘 부모만 바라보지만, 부모는 맡은 역할이 많아서 아이만을 바라볼 수만은 없다.

부모는 가정의 경제를 책임지고, 집안일을 관리하며, 아이의 교육과 건강을 챙기는 등 수많은 업무를 병행해야 한다. 하지만, 우리가 꼭 기억해야 할 것은 아이와의 놀이 시간을 단순한 의무감이 아니라 즐거움으로 받아들이는 태도가 중요하단 것이다.

부모가 진심으로 즐기고 행복해하는 모습을 보여줄 때, 아이는 그 사랑과 관심을 더욱 깊이 느낄 수 있다. 결국, 부모와 아이 모두가 행복해질 수 있는 가장 중요한 열쇠는 바로 서로에게 시간을 투자하고, 함께하는 순간을 소중히 여기는 마음에 달려 있다.

3) 저절로 움직이는 시스템을 만들어라

66일을 지속하면 내 것이 된다

"내가 하려고 했는데, 엄마가 하라고 하니깐 갑자기 하기 싫네!"

아들이 나에게 한 말이다. 엄마도 억울하다. 시키기 전에 알아서 미리 했다면, 이런 말을 할 필요가 없는데 말이다.

누가 시켜서 하는 일은 하기 싫은 게 인간의 속성이다. 인간은 본능적으로 '자유'를 추구하기 때문이다. 하지만 부모는 아침부터 잠들기까지 매일같이 아이의 상황과 행동을 체크한다.

부모의 지시는 대체로 '~을 하라'는 명령조가 많다. 겉으로는 '~을 하는 게 어떠냐'고 묻더라도 속마음은 '~을 하라, 안 하면 나 화낼 거야'의 속마음이 내포되어 있다. 어쩜 매일 똑같은 말을 반복해야 하는지 가끔은 목소리를 녹음해서 틀어놓고 싶은 심정이다.

매번 무엇을 시켜야 하는 사람이 마음이 편할까? 아니면 시킴을 당하는 사람이 편할까?

결론은 둘 다 마음이 불편하다. 시켜서 하면 더 하기가 싫은 법이다. 그렇다면 애써 시키지도 않고, 시킴을 당하지 않는 상황이 오기 위해서는 어떻게 해야 할까?

자기 주도 학습이 잘되는 아이는 엄마가 시키지 않아도 알아서 척척 해낸다. 여기서 말하는 자기 주도 학습이란 단순히 자습이나 혼자 공부하는 독학만을 이야기하는 것은 아니다.

자기 주도 학습(Self-Directed Learning:SDL)이란, 말 그대로 자기 책임감을 바탕으로 자신의 상황을 스스로 통제하며, 왜 공부해야 하는지에 대한 목적의식을 분명히 하는 학습이다. 쉽게 말하면 스스로 학습 계획을 세우고 스스로 부족한 바를 찾아 공부하고 성찰하는 학습 형태가 자기 주도 학습이라고 볼 수 있다.

하지만 안타깝게도 자기 주도 학습이 잘된 아이는 세상에 몇 안 된다. 몇 명 있다고 해도, 그 아이는 우리 자식이 아니다.

66일 습관의 비밀

내가 66일에 의미를 두기 시작한 건 공부의 신 강성태의 책 『강성태 66일 공부법』을 우연히 본 이후이다. 2001년 수능 전국 상위 0.01%로 서울대 기계항공공학부에 입학한 강성태가 학생들의 멘토가 되는 길을 선택한 이유는 자신의 경험 때문이다. 자신이 혼자 공부할 때 늘 멘토를 간절히 바랐기 때문이다.

강성태는 학생들에게 공부에 대한 동력을 제공했지만, 그것만으로는 부족함을 느꼈다고 한다. 공부도 습관이기 때문에 그는 의지조차 필요가 없어지는 습관이라는 행동 패턴을 만들어야 한다는 생각으로 『강성태 66일 공부법』이 탄생한 것이다.

아이가 어릴 때부터 좋은 습관을 물려주기 위해 고군분투했던 나는 66일 공부법이 마음에 들었다. 좋은 습관은 노력이 뒤따라야 한다.

아래 법칙은 강성태의 66일 습관을 만드는 법이다.

66일 습관을 만드는 5가지 법칙

1. 반복되는 일상에 붙여라.
2. 습관은 작게 시작해 크게 만드는 것이다.
3. 중요한 일은 아침에 하라.
4. 이상적인 하루를 상상하라.
5. 66일을 지속하라. 습관이 될 것이다.

위의 내용과 유사한 방법으로 내가 가정에서 활용했던 내용이다.

1) 반복되는 일상에 붙여라

아침에 아이를 깨우기 전에 내가 가장 먼저 하는 일은, 영어 동화 영상을 틀어놓는 일이다. 아이들은 일어나는 순간부터 영어 동화 소리를 들으며 서서히 잠을 깬다. 영어를 공부로 인식하지 않고, 일상생활 속에서 부담 없이 자연스럽게 스며들기를 바라는 마음에서 시작한 일이다.

그리고 8년이 지난 지금도 변함없이 영어 동화를 틀어놓고 아이를 깨운다. 즉, 모국어 습득 방식을 적용해 영어 듣기 시간을 확보하는 것이다.

오랜 시간 동안 매일 영어 영상을 틀어놓을 수 있었던 이유는 바로 **반복되는 일상에 연결되는 행위를 붙였기 때문에 가능하다.** 즉, 아침마다 일어나는 것은 당연한 일이고, 일어나는 행위에 연결해서 무조건 영어 영상을 틀어놓는 행위를 세트로 만들었다.

물론 처음에는 별거 아니겠지 가벼운 마음으로 시작했다. 하지만 매일 하는 건 귀찮고 힘들었다. 하지만 8년이 지난 지금은 의식적으로 생각하지 않아도, 몸이 저절로 움직이는 습관이 되었다.

잘 만들어진 습관은 목표 달성의 장애물을 없애는 강력한 도구다. 식사 후 양치질하는 행위를 생각하면 이해하기 쉽다. 정상적인 성인이라면, 매일 양치질하는 일로 고민하지 않는다.

습관이 잘 만들어지면 일일이 행동의 우선순위를 따질 필요가 없다. 그냥 하면 된다. 즉, 쓸데없는 일에 신경을 쓰지 않아야 정말 중요한 일에 집중할 수 있다.

밥상머리 소통을 실천하려면 반드시 내용을 구체화하자.

- 매일 저녁 식사 시간에 사소한 일상 나누기
- 자기 전에 독서 인증 미션 참여하기
- 주 1회 주말에 '가족 독서 토론의 날' 지정하기

이후 계획한 일을 몸에 배도록 실천하면 된다.

의식하지 않고도 저절로 몸이 움직이는 것. 그것이 바로 **좋은 습관의 힘**이다.

2) Not to-do list 작성하기(하지 않아도 될 일 목록)

밥상머리 소통을 하기 어려운 이유가 바로 시간을 확보하기가 힘들기 때문이다.

우리는 이토록 시간이 없는 것일까? 우리의 삶은 수많은 할 일로 가득 차 있다. 하지만 진정으로 생산적이고 의미 있는 하루를 보내기 위해서는 해야 할 일뿐만 아니라 하지 말아야 할 일도 명확히 할 필요가 있다.

이 세상에 가장 공평한 것이 바로 시간이다. 세상 누구에게나 하루는 모두 똑같이 24시간이다. 시간을 효율적으로 확보하기 위해 [Not to-do list]를 작성하기를 권유한다. 내가 해야 할 일을 정하는 것보다, 내가 하지 말아야 할 일을 정리하는 것이 훨씬 효율적이다.

효율적인 나의 시간을 확보하기 위해

1. 습관적으로 유튜브, SNS(페이스북/인스타그램) 접속하지 않기
2. 불필요한 약속, 카톡, 인간 관계에 시간을 쓰지 않기
3. 하루에 다양한 많은 일을 하지 않기
4. 주말/휴일 오전 시간을 헛되이 보내지 않기

'Not to-do list'는 단순한 할 일 목록 이상의 효과가 있다. 이를 통해 우리는 집중력을 높이고, 시간을 더 효율적으로 관리하며, 스트레스를 줄이고, 자기 통제력을 강화할 수 있다.

또한 효율적인 시간 확보로 밥상머리 소통에 더 집중할 수 있다.

3) 지속적으로 소통 커뮤니티 모임 참석하기

밥상머리 소통의 기본은 꾸준함이다. 밥상머리 소통 주제로 강의할 때 '소통 지속 가능한 힘'에 대해 언급한다. 강의를 듣는 순간에는 배움을 통해 내적 동기를 많이 얻는다.

하지만 문제는 강의가 끝난 그 이후다. 누군가가 채찍질해 주는 사람도 없고, 가족마저 협조해 주지 않으면 점점 부모의 의지는 약해진다. 그리고 언제 그랬냐는 듯 다시 원점으로 돌아간다. 당장 밥상머리 소통을 하지 않는다고 큰일이 벌어지지 않기 때문이다.

눈에 보이는 확실한 성과가 없으니, 의지가 약해질 만도 하다.

안타깝지만 또 한 번 변화의 기회는 사라지고 있다. 밥상머리 소통을 해야 하는 이유를 알고, 대화 소재를 찾고 질문의 중요성도 배웠다. 일상 대화로 시작해서 독서 토론까지 이끄는 밥상머리 소통의 힘을 배웠지만, 지속할 수 없다면, 그저 흘러가는 지식일 뿐이다.

나 또한 마찬가지였다. 밥상머리 소통 강의를 준비하는 기간에는 아이들과 직접 경험하며 몰입했지만, 시간이 지나면서 점점 의지는 약해졌다. 당연한 일이다. 새로운 일을 쉽게 받아들이지 못하며 편하게 살고 싶은 게 인간의 본능이다.

크게 자책할 필요는 없다. 현재 상황을 다시 깨닫고 다시 움직이면 된다.

지속할 수 있는 밥상머리 소통의 문화를 만들기 위해서는 반드시 수단이 필요하다. 그 수단을 오픈채팅방을 활용하여 '밥상머리 소통 공부방'을 만들었다. 의식적인 활동을 위한 소통의 창구를 마련한 것이다.

밥상머리 소통에서 가장 중요하면서도 어려운 것이 바로 '지속 가능한 힘'이다. 아무리 좋은 강의여도 들을 때는 가슴의 울림이 있지만, 시간이 지나면 자연스럽게 잊히기 마련이다.

사실, '밥상머리 소통 공부방' 커뮤니티 오픈채팅방을 개설하기 전에 수없이 갈등했다.

'할까? 말까?' 일을 벌이자니 걱정 반 귀찮음 반이었다. 하지만 '하지 말까?' 물음표 뒤에 항상 찜찜함이 남았다. '현실에 안주하는 나'와 '진취적으로 도전하는 나' 사이에서 고민 끝에 결국 도전하는 방향으로 선택했다.

이제 무조건 해야 한다. 그걸 노렸다. 할까? 말까? 가 아닌, 그냥 해야 하는 상황을….

밥상머리 소통은 장기전이다. 소통은 진실함과 꾸준함이 필요하다.

이제 실천만이 남았다. '멀리 가려면 함께 가라.'라는 말이 있다. 혼자 하면 어렵다. 꾸준히 함께 가기 위해서 관련된 프로그램 수강도 좋고, 커뮤니티 모임도 좋다.

지속적으로 내적 동기를 얻을 수 있도록 꾸준한 활동을 지속해라. 이제는 머릿속으로 끙끙대지 말자. 아이와 진지한 대화와 토론이 정말 될까? 더는 의심만 하지 말고 바로 시도하자.

성장하는 과정 자체를 즐겨라

아들: 내가 다니는 학원에는 아이들이 별로 없어.

엄마: 그래? 이유가 뭐지?

아들: 바로 앞에 대형 학원이 있잖아. 모두 거기 다니잖아.

엄마: 그럼 너도 거기 다녀볼래?

아들: 싫어! 거기는 숙제도 엄청 많아서 힘들대.

엄마: 공부를 더 많이 시키면 실력이 좋아지기 때문에 그러는 거 아니야?

아들: 그렇게 하면 수학이 재미없고 점점 더 싫어지잖아. 진도를 빨리 나가는 것보다, 재미있게 공부하는 게 더 좋지.

'천재는 노력하는 자를 이길 수 없고, 노력하는 자는 즐기는 자를 결코 이길 수 없다.'라는 말이 있다. 무엇이든지 자율적으로 스스로 해야 재미있고 내적 동기가 생긴다는 의미다.

수영을 좋아하는 아이를 붙잡고 더 잘하라고 부모가 강요하는 순간, 아이는 흥미를 잃어버린다. 자율성이 사라지면, 동기도 사라지기 때문이다.

자녀가 무엇인가를 시작할 때는 '하고 싶은 마음' 즉 동기부여는 소통에서 중요한 요소다.

처음으로 혼자 신발 끈을 묶었을 때, 새로운 단어를 배웠을 때, 친구와 사이좋게 놀았을 때 등 모든 순간이 성장하는 과정이다. 성장은 거창한 목표를 이루는 것만을 의미하지 않는다. 일상의 소소한 순간들, 함께 웃고, 대화하고, 놀아주는 시간들도 성장의 중요한 부분이다.

아이가 실패를 연습하는 기회

1. 반장 선거에 떨어지는 순간
2. 수영장 물에 빠져서 허우적거리는 순간
3. 부루마블 게임을 하다 파산하여 울먹이는 순간
4. 우산을 깜빡하고 집에 두고 와서 비 맞던 순간
5. 친구와 사소한 오해로 절교하는 순간
6. 자전거 타고 달리다가 넘어지는 순간
7. 허겁지겁 밥 먹다가 토하는 순간
8. 학예발표회 날 온몸이 얼어붙은 순간

아이러니하게도 부모가 아이를 바라볼 때 짠하면서도 불편한 순간이 아이가 실패를 연습하는 기회이다. 이 모든 순간순간 아이는 자라고 있다.

나의 좌우명은 '피할 수 없으면 즐겨라.'이다. 처음에는 단순히 가볍고 재미있는 느낌으로 사용하기 시작했지만, 되새길수록 많은 의미가 담겨 있음을 깨달았다. '시험 기간에', '직장 면접 때', '수많은 사람 앞에서 강의를 시작할 때' 항상 '피할 수 없으면 즐겨라!'를 외쳤다.
그러면 신기하게 마음이 편해지면서 용기가 생겼다.

'즐기는 자'가 최강자인 이유는 무엇일까? 즐기는 자들은 노력하는 과정 자체를 즐긴다. 또한 자신을 비관하거나, 무언가를 열망하거나, 부정적인 감정에 자신을 스스로 가두지 않는다. 어찌 보면 '즐겨라'라는 태도는 굉장히 진취적이면서 자기 삶을 바꿀 수 있는 최고의 명언이다.

부모와 자식 간의 관계는 피할 수 없는 관계이다. 육아의 고충 속에 더 이상 허덕이지 말고 아이들과 함께 작은 목표를 설정하고, 그것을 이루기 위해 노력하는 과정을 즐겨보자.

4) 함께 알면 좋은 밥상머리 교육 know-how

하기 싫은 것을 하는 힘이 능력이다

작심삼일이라는 말이 있다. 마음을 먹은 지 삼 일이 지나지 않아 이미 결심이 약해진다는 뜻이다. 대부분 이런 상황을 겪어봤을 것이다. 하지만 아이 스스로 규칙을 지켜야 하는 상황을 부모가 없애고 있지 않은지 생각해 보자.

사례 1

'평일 아침 준서네 가족이 식탁에 둘러앉아 밥을 먹는다. 대화할 시간도, 그럴 마음의 여유조차 없다. 다 먹은 순서대로 한 명씩 자리에서 일어난다. 먹다 남은 반찬과 빈 그릇만 덩그러니 남아 있다. 각자 먹었던 빈 그릇은 싱크대에 옮겨놓기로 '밥상머리 규칙'을 세웠지만, 치우는 사람은 아무도 없다. 홀로 남은 준서 엄마는 한숨을 쉬며 말없이 그릇을 치운다. 반복된 상황으로 잔소리하는 것도 귀찮고 지겹다. 결국 혼자 치우는 방법을 선택한다. 야심 차게 계획을 세웠던 가족 규칙은 또 한 번 흐지부지된다.'

준서 엄마는 결국 빈 그릇을 혼자 치워버렸다. 물론 초반에는 빈 그릇을 치우도록 유도했다. 하지만 같은 말을 반복할수록 아이들은 잔소리로 받아들인다. 엄마 역시 지키지 않는 모습에 화가 나면서 결국 포기하는 방향으로 선택한다.

결국 가족 규칙을 지켜야 하는 상황 자체가 없어져 버린 것이다. 이러한 상황이 지속되면 반복되는 실패 경험으로, '어차피 지키지도 못하는데 뭐하러 계획을 세워?'의 부정적인 감정만 남는다.

사례 2

'각자 먹은 그릇은 싱크대에 옮겨놓기로 가족 규칙을 세운 지 4일째. 가족 규칙이 적혀 있는 계획표는 잘 보이는 곳에 붙여져 있다. 아빠는 약속대로 빈 그릇을 싱크대에 옮겨놓았지만, 민지는 덩그러니 식탁에 그대로 내버려 두고 학교에 등원했다.
민지 엄마는 빈 그릇을 대신 치우지 않는다. 민지가 하교 후 식탁 위에 빈 그릇을 발견한다. 민지는 늦었지만 스스로 빈 그릇을 싱크대에 옮긴다. 이후에도 반복되는 상황이 벌어졌고 민지는 본인이 치우지 않으면 대신 치우는 사람이 없다는 것을 깨닫는다. 결국 가족 규칙을 지킬 수 있었고, 반복된 행동은 습관이 되었다.

가족 규칙은 아이만 실천하는 것이 아니다. 부모도 반드시 꼭 지켜줘야 하는 공동의 약속이다. 아이가 성장하기 위해서는 반드시 불편함을 느끼고 감수해야 하는 상황을 이겨내는 절차가 필요이다.

하지만 부모가 그런 기회를 박탈하고 있지 않은가? 아이 주변 구석구석이 편안함으로만 채워주기 위하여 애쓰고 있는가?

사람은 편안할 때가 아니고 힘들 때 성장한다. 귀찮고 미루고 싶은 일을 매일 꾸준히 실천한다면, 어느 순간 큰 힘과 노력을 들이지 않아도 자연스럽게 실천되고 있는 것을 경험할 수 있을 것이다.

직접 경험하는 것만큼 설득력이 센 것은 없다

1) "양치해야지. 양치 안 하니? 빨리 양치하라고!"

매일 3단 고음 잔소리로 이어지는 양치 전쟁은 단 한 번의 충치 치료로 끝이 났다.

치과 의자에 눕는 공포스러운 분위기 속에서 "윙이이잉" 날카로운 기계 소리에 이어, 불소 치료까지 받은 딸아이는 난생처음 치과 치료를 경험한 이후부터 치실까지 써가며 입안 구석구석을 닦는다. 양치질을 안 하면 어떤 결과가 돌아오는지 온몸으로 경험한 후의 변화다.

2) "제발 그 옷 좀 그만 입어. 여기 멋진 옷들이 많잖아."

한때 아들의 의상 문제로 고민하던 시절이 있었다. 월요일부터 일요일을 매일 똑같은 옷을 입겠다고 고집부리는 모습이 세상 불편했다. 세상에 멋진 옷이 얼마나 많은데 왜 하필 칙칙한 회색 레깅스 바지일까?

새 옷을 사주기도 하고, 딱 달라붙는 레깅스는 주로 여자들이 즐겨 입는 옷이라고 설득하고 달래도 봤다. 하지만 아무런 소용이 없었다. 그렇게 우리 아들은 몇 년 동안 같은 스타일의 바지를 구멍이 날 때까지 주구장창 입었다.

하지만, 아들이 초등학생 고학년이 되자 자신만의 스타일을 찾아갔고, 레깅스 바지는 쳐다보지도 않았다. 순간 때가 되면 이런 날이 오는데, 왜 그토록 스트레스를 받았을까? 지난날들이 후회되었다.

3) "앞으로는 네가 알아서 해. 언제까지 엄마가 이거 해라, 저거 해라 말해야 하니? 무슨 일을 하든 진심으로 우러나와서 행동했으면 좋겠어."

아이에게 퍼붓고 난 후 머릿속에 맴도는 말이 있었다. 고작 초등학생 아이가 진심으로 마음속에서 우러나오는 일이 있을까? 아마 이런 설득은 '착한 사람은 언젠가는 천국에 갈 거야.' 소리만큼이나 까마득한 소리로 들릴 것이다.

멀리 갈 필요도 없이 나 역시 초등학생 시절에는 그 단어의 의미조차 모르고 살았다. 엄마가 시켜서, 선생님이 시켜서, 학생의 본분이니 그냥 별생각 없이 그 시절을 보냈다.

'마음에서 우러나오는 행동'이 중요하다고 깨달은 건 어른이 된 이후다.

살아보니 공부가 필요했고, 공부하다 보니 강의를 시작했고, 강의를 시작하다 보니 성장의 재미를 느꼈다. 누군가에게 내 지식을 전파하는 일에 희열을 느끼면서 더 깊게 몰입하여 파고들었다.

누군가가 나에게 하루 종일 공부하라고 시간과 장소를 제공한다면, '감사합니다.'라고 냅다 절을 할 정도다. 마음에서 우러나오는 강한 욕구는 나를 움직이게 하는 최고의 성장 도구였다.

'직접 경험의 힘은 위대하다.'

우리는 살아가면서 다양한 정보와 의견을 접한다. 책, 뉴스, 인터넷 등 다양한 경로를 통해 많은 지식을 얻지만, 직접 경험한 것만큼 설득력을 가진 것이 없다. 이는 경험에서 오는 생생함이 그 어떤 이론적 설명보다 강렬한 인상을 주기 때문이다.

자전거 타는 과정을 생각해 보자. 책이나 영상을 통해 자전거 타는 법을 이해할 수 있지만, 실제로 자전거를 타보지 않으면 균형 잡기, 페달 밟기, 방향 조절 등의 기술을 온전히 체득할 수 없다.

나는 아이가 최대한 자신의 행동을 책임지고 스스로 경험하도록 기회를 주었다. 아이가 입을 옷을 부모가 대신 정해주지 않았고, 어려운 과제 때문에 징징거려도 정답을 알려주지 않았으며, 깜빡하고 학교 준비물을 집에 놔두고 가도 눈을 꾹 감았다.

비 오는 날, 우산을 챙겨가지 않으면 비를 맞는다는 것을 경험하고, 준비물을 챙겨가지 못하면 수업 시간에 불편함을 느끼고, 숙제를 끝내지 못하면 더 많은 숙제를 해야 한다는 상황을 아이는 스스로 깨달았다.

몸소 느낀 경험은 인생의 절대적인 무기다.

"엄마! 옷을 얇게 입고 갔더니, 추워 죽는 줄 알았어. 내일은 따뜻하게 입고 가야겠어."

아이 스스로 직접 부딪히고 받아들이고 해결해야 하는 상황을 경험한 후, 아이가 한 말이다.

부모의 지나친 보호는 아이 스스로 외부 환경에 대한 감각을 키울 기회,

그리고 시행착오를 겪으며 깨달을 기회를 박탈한다. 아이가 스스로 계획을 세우고 행동에 임할수록 행복 호르몬인 세로토닌이 분비되고 의욕 호르몬인 도파민이 활성화된다고 한다.

또한 직접 경험을 통해 온몸으로 느끼고 체득한 지식은 오랫동안 기억에 남고, 이로 인해 더 깊은 이해가 가능하다.

도서관은 또 다른 우리 집이다

나는 주말마다 도서관에 간다. 물론 온 가족이 모두 함께 출동한다.

도서관을 다니기 시작한 것은 첫째가 6살, 둘째가 4살 때부터다. '아이가 책을 좋아했으면 좋겠다.'라는 작은 바람으로 시작된 루틴이다.

루틴이란 생활 속에 깃든 습관과 규칙을 말한다. 우리 집은 밥상머리 소통을 해나감에 있어 이 '루틴'의 효과를 톡톡히 보았다.

초반에는 아이가 책을 보든, 보지 않든 크게 상관하지 않았다. 그저 도서관은 특별한 날에만 가는 게 아니라, 주말이면 어김없이 가는 곳이라는 인식과 습관을 심어주고 싶었다.

물론 어린 자녀와 함께 도서관에 다니는 일은 순탄치 않았다. 책을 읽으러 간 것인지, 놀러 간 것인지 구분이 되지 않았다. 유아실 의자를 모조리

끌어다가 기차를 만들기도 하고, 남매끼리 싸워서 조용한 도서관의 정적을 깬 적도 많다.

왜 우리 집은 매주 도서관을 가야 하냐며 반항하기도 하고, 피곤한 남편은 도서관에서 꾸벅꾸벅 졸기도 많이 졸았다. 도서관을 매주 방문하기 위한 강제 수단으로, 일부러 도서관 프로그램을 신청하기도 했다.

물론 아이들은 가기 싫어할 때도 있고, 실제 못 가는 날도 있었다. 그럴 때면 보다 흥미를 끌어올리기 위해 '도서관에서 살아남기' 게임을 하자고 제안도 했다.

도서관은 책 이외에도 다양한 자료와 볼거리가 많다. 새로운 신문과 신간 코너도 있고 주변에는 공원, 산책로가 있어 기분 전환에도 좋다.

그렇게 몇 년이 흐르니 이제 주말이면 알아서 도서관에 갈 준비를 한다. 돌이켜보니 처음 도서관을 방문했을 때, 두꺼운 소설책을 읽는 초등학생 보면 '저 아이는 어쩜 저렇게 얌전하게 책을 읽을 수 있을까?' 부러워했던 시절이 나에게도 있었다.

지금은 우리 아이도 도서관에 가며 몇 시간씩 앉아 있을 만큼 엉덩이 힘이 저절로 길러졌다. 매주 반복한 도서관 방문은 앉아 있는 엉덩이 힘을 기를 수 있는 원동력이자 탄탄한 기초가 된 것이다.

습관을 형성하는 데는 들인 시간보다 그 습관을 실행한 횟수가 더 중요하다. 예를 들어, 책을 읽을 때 하루에 시간을 많이 투자하는 것보다, 규칙적인 루틴으로 매일 조금씩 읽어서 많은 횟수를 읽는 것이 독서 습관 형성에 도움이 된다.

한때 1년에 대출한 도서가 1,600권이 넘었던 적이 있다. 물론 1,600권의 책을 다 읽지 않았다. 그만큼 환경을 만들기 위해 꾸준히 노력했다는 증거다. 물론 이런 루틴이 습관으로 자리 잡기까지 부모의 노력이 필요하다.

도서관에 가면 사람들은 책을 읽는다. 억지로 독서를 강요하기보다 가까운 도서관을 찾아 자연스럽게 독서 습관을 길러주는 것이 좋다. 도서관에서 책을 보는 사람들을 아이가 직접 눈으로 보고, 경험하도록 기회를 주는 것이다.

그리고 가장 중요한 것은 **생활 속에 녹아들 수 있도록 꾸준히 실천하는 것뿐이다.**

5장

밥상머리 소통하면
배우는 것들

아이를 변화시키려고 시작했는데, 제가 변했어요

1) 아이를 이해하는 데 가장 빠른 방법이다

"우리 아이는 3학년인데, 무슨 책으로 토론을 해야 할까요?"
"초등학생에게 딱 좋은 토론 주제는 무엇일까요?"

난 밥상머리 소통을 하기 전에, 엄마표 영어를 먼저 했던 경험이 있다. 그래서 이런 질문을 하는 부모의 마음을 천 번 만 번 이해한다.

엄마표 영어는 모국어 습득 방식으로, 일상생활 속에서 듣기가 가장 우선시 되어야 함을 강조한다. 하지만 주변에 온통 한국 사람이 천지인데, 어떻게 영어를 모국어 습득방식으로 노출할 수 있을까? 방법은 '영어 DVD'를 활용하는 것이다.

이때 부모의 역할은 '아이가 흥미를 느낄 수 있는 영어 애니메이션을 찾는 일'이다.

막막했다. 세상에는 너무나 다양한 영어 DVD가 존재한다. 답답한 마음에 먼저 엄마표 영어의 길을 걷고 있는 육아 선배인 엄마들에게 물었다.

"어떤 종류의 애니메이션을 잘 봐요?"

"아~ 모험, 판타지 내용을 잘 본다고요? 저도 당장 집에서 틀어줘야겠어요."

하지만 아이의 반응은 시원치 않았다.

분명 옆집 아이는 푹 빠져 몰입한다고 했는데, 우리 집 아이는 지루하다 못해 이미 딴짓하고 있었다. '왜 안 보지? 분명 모험 내용은 남자아이가 좋아한다고 했는데. 우리 아이가 별난 아이인가?' 그리고 몇 년 뒤에 중요한 사실을 깨달았다.

모험 내용을 좋아하는 건, 우리 집 아이가 아닌, 옆집 아이가 좋아하는 장르였다는 사실이다. 같은 또래여도 아이마다 지적 수준, 가정 환경, 배경지식, 흥미와 관심 분야가 모두 다르기 때문이다.

밥상머리 소통 시, 소재 찾기도 마찬가지다. 만약, 아이의 다양성을 무시하고 획일적으로 엄마의 기준으로 대화와 토론의 소재를 찾는다면 결국 오래 유지하지 못하고 금방 시들해져 버린다.

내 아이가 어떤 것을 좋아하는지, 옆집 아줌마는 자세히 모른다. 아니 관심도 없을 것이다. 아이를 뱃속에서 10달을 품고, 먹이고 재우고, 좋으나 싫으나 항상 곁을 지켜주었던 부모가 그 누구보다 자녀를 잘 알고 있다. 만약 아직도 내 아이를 도통 모르겠다면 그동안 주의 깊게 관찰하지 않았다는 증거이다.

　하지만 괜찮다. 지금부터 관찰하면 된다. 내 아이가 어떤 것을 볼 때 눈이 가장 초롱초롱한지, 어떤 것을 사달라고 밤새 졸랐는지, 도서관에서 주로 어떤 책을 가장 먼저 꺼내서 왔는지를. **내 아이에게 온전히 집중하여 관찰하면 아이와 같은 시선으로 세상이 보일 것이다.**

2) 가족이지만, 다른 존재임을 인정하라

'왜 이리 답답할까?'

'도대체 이해가 안 가네.'

'내 배에서 나온 아이 맞아?'

아이를 키우다 보면 걱정이 이만저만이 아니다. 나 역시 그랬다. 생후 16개월까지 걷지 못하는 아이를 보며 '이상하다. 왜 못 걷지?'부터 시작했다. 유치원 재롱잔치 날에는 모두 엉덩이 흔들며 큰 무대에서 귀여움을 뽐내는 수많은 아이 속에서, 온몸이 얼음처럼 얼어붙어 불안해하는 우리 아이를 보면서 무척이나 가슴이 아팠다.

운동회 날에는 사람 많은 게 싫다며, 들어가는 입구부터 울고불고 난리 치는 바람에 남몰래 눈물도 많이 흘렸다.

그래서 가만히 있을 수가 없었다. 내 아이를 위해서 난 무엇이든 해야만 했다.

유난히 부끄러움이 많은 아이를 위해 태권도 학원을 보내고, 고학년이 되면서 농구, 복싱까지 알아봤다. 그곳에서 당당해지기를 마음속으로 기도했다. 일부러 사람 많은 곳에 노출해 대담한 아이로 키우려고 노력했지만 쉽지 않았다.

평생 포기를 몰랐던 내가 포기를 배워야 하는 순간이 왔다.
아이가 불편해하는 모습을 보는 게, 나 또한 불편하고 힘들었다.

요즘 대한민국은 MBTI로 자신과 상대방의 성향을 파악하는 게 인기다. 나는 ESTJ다. 넘치는 자신감에 성과주의, 결과 중심적인 사람이다. 효율성을 따지고, 계획대로 안 되면 불편하고 짜증이 난다.

그에 반면 아들은 INFJ다. 조용한 성격으로 사색, 공감 능력, 배려심이 많다. 고독을 즐기며, 타인의 의미 없는 행동에 혼자 의미를 부여한다. 또한 상처나 거부당하는 것에 민감하다.

MBTI 성격 분석에 따르면, ESTJ와 INFJ는 서로 마찰이 심하다. 그래서 이토록 육아가 힘들었나 보다. 아들은 어릴 적부터 모든 행동과 발달이 느린 편이었다. 그런 아이를 키우는 ESTJ 엄마는 매우 견디기 힘들었다. 타고난 지도자형으로 계획성이 철저한 엄마는 아이를 변화시키기 위해 부단히 노력했다. 하지만 쉽게 변하지 않는 모습에 짜증 나고 불편했다.

어느 날 학교에서 놀 친구가 없다며 시무룩해 있는 아들을 보았다. 내 머릿속에는 혼자 외롭게 앉아있을 아들의 모습이 눈에 선했다. 안타까운 마음에 "왜 놀 친구가 없어? 네가 먼저 다가가면 되잖아."라고 말하자 "친구들끼리 놀고 있는데, 내가 중간에 끼면 방해하는 거잖아."라고 아들이 말했다.

답답한 마음에 MBTI 전문가에게 이 상황을 상담했다. "우리 아들은 왜 이리 남의 눈치를 볼까요? 이 세상의 중심은 바로 너라고 말해주는데…. 남자아이가 왜 이리 소심한지, 나중에 왕따라도 당할까 봐 정말 걱정돼요." 하지만, 내 말을 경청한 강사는 의외의 말씀을 하셨다.

"어머님! 다른 분들은 아드님을 소심한 아이나 눈치 보는 아이로 바라보지 않을걸요? 아마도 남을 먼저 생각하는 배려 있는 아이로 볼 거예요."

순간 함께 있던 부모들은 자신의 자녀들은 배려심이 없다며, 나를 부러워하는 분위기로 변했다. 순간 머리를 띵하고 맞는 기분이었다. 그동안 성향이 다른 아이를 키우면서 나만 답답하고 힘들 거라고 생각했다. 하지만 '나 같은 엄마를 만나서 그동안 우리 아들도 많이 힘들었겠구나.'라는 중요한 사실을 깨달았다.

불안을 경험해보니 연령대별로 공통적인 불안의 원인이 눈에 보였다.

유아기는 '신체 발달 속도', 학령기는 '학습 진도', 청년기 때는 '취업 성공', 중장년 때는 '경제적 안정'을 토대로 우리는 타인과 수없이 비교하게 된다. 결국 남의 시선을 과다하게 신경쓰거나, 사회가 정해놓은 기준에 도달하지 못하면 불안의 감정에 휩싸이는 것이다.

하지만 이제서야 알았다. 내가 틀렸다는 걸. 아이는 기다려주면 스스로 방법을 찾는다. 그동안 나는 너무 조급했다.

아이는 자신만의 발달 속도로 자란다. 양손을 바라보자. 왼손, 오른손의 손가락 형태는 모두 똑같다. 하지만 시선을 돌려 손바닥을 바라보면, 이 세상에 지문이 똑같은 사람은 한 명도 없다. 즉, 내 아이와 똑같은 사람은 단 한 명도 없다는 사실이다.

내가 아이를 옆집 아이와 비교하는 순간, 자녀도 옆집 부모와 나를 비교하게 될 것이다.

3) 자녀는 키워가는 것이 아니라, 알아가는 것이다

아들이 초등학생 4학년 시절 'AI 펭톡'과 대화하는 모습을 보았다. 'AI 펭톡'은 EBS에서 운영하는 인공지능 기반 영어 말하기 시스템이다. 집에서 엄마표 영어를 하던 시절이라 '그래! 뭐라도 해라.'의 심정으로 아이를 지켜보았다.

하지만 시간이 흐를수록 가볍게 생각했던 나와는 달리, 아들은 엄청난 몰입을 하고 있었다. 학교 가고, 밥 먹고, 잠자는 시간 외에 하루 종일 태블릿 PC를 붙잡고 영어로 말하고 또 말했다.

몰입의 이유는 명확했다. 이벤트 기간에 쌓이는 점수로 캐릭터 손난로를 얻을 수 있는 기회였기 때문이다. 가지고 싶은 물건이 있으면 여느 아이들과 달리 '절대 쉽게 사주지 않는 엄마'임을 아는 아들은 손난로를 선물로 받겠다는 굳은 신념으로 며칠을 몰입하고 또 몰입하였다.

그렇게 긴 여정이 끝나가고 이벤트 종료 30분 전.
안타깝게도 이미 벌어진 점수 차이로 순위 안에 들지 못함을 직감했다.

하지만 아이는 현실을 인정하지 못했던 걸까? 눈가에 눈물이 가득한 채 울먹이며 계속 펭톡과 대화를 이어나갔다.

"이제 그만해도 돼. 그동안 정말 최선을 다했어. 고생했어."

아들은 이 말을 들은 순간 멈칫했고, 애써 참아왔던 눈물을 터트리며 오열했다.

그렇게 이벤트는 끝이 났다. 경기도 랭킹 3등까지 선물을 받을 수 있으나, 안타깝게도 5등으로 마무리했다. 그동안 내가 보지 못했던 아들의 새로운 모습이었다. 항상 자신 없고, 욕심 없는 아이라고 생각했는데 그건 나의 섣부른 판단이었다.

그 사건 이후에 아들은 이어지는 이벤트에 다시 도전하여 결국 경기도 3등을 두 번이나 하는 명예를 얻었다. 상품으로 '펭수 노란 우산', '펭수 파우치'를 온전히 제힘으로, 선물을 얻어낸 것이다.

"쌍둥이인데도 왜 이리 성향이 다르죠?"
"내 뱃속에서 나왔는데, 도통 아이를 이해할 수가 없어요!"

주변에서 흔히 듣는 말들이다. 내가 낳았고, 분명 나를 닮은 아이인데,

알다가도 모르겠다며 호소하는 부모가 많다. 그동안 나 역시 '내가 이렇게까지 했는데, 왜 아이가 안 바뀌지?'라고 깊은 고민에 빠져 살았다. 하지만 지금은 아니다. 자식은 만들어지는 게 절대 아니다.

부모의 역할은 자녀를 독립적인 인격체로 인정하고, 잘 성장할 수 있도록 지지하고 믿어주면 된다.

1) 내성적이어서 친구 관계가 어려운 아이가 있다.
   소심한 성격을 가지고 있는 아이에게 답답함을 표현했는가?
   → 긴장하는 마음 자체를 보듬어주는 것이 먼저이다.

2) 미주알고주알 부모에게 이야기를 쏟아붓는 아이가 있다.
   말이 많은 아이에게 그만하라고 말해왔는가?
   → 요즘 아이의 관심사가 무엇인지 귀를 기울이자.

밥상머리 소통으로 자연스럽게 얻는 이득이 있다. 바로 서로를 이해할 기회를 얻는 것이다.

절대적인 하나의 인격체로 존중할 때 아이의 자존감도 높아진다. 사람은 각자의 기질이 분명 존재한다. 자녀의 기질을 이해하고, 하나씩 알아가는 것. 최근에 아이가 어려움을 겪는 상황은 없는지 부모가 함께 고민하고, 함께 공부하고, 많이 소통하자.

'**자녀는 키워가는 것이 아니라 알아가는 것**'이기 때문이다.

4) 최고의 선생님은 노력하는 부모이다

"이야~ 진짜 엄마 열심히 산다!"

밥상머리 토론 연구소를 처음 설립 후, 하루에 10시간 이상 몰입하는 나를 보며 아들이 한 말이다. 그 당시 강의 준비 및 콘텐츠 개발로 장시간 몰입은 기본이요, 무리한 작업으로 손목에 극심한 통증이 있었다. 결국 손목 보호대로 고정해 가며 퉁퉁 부어 버린 손가락으로 타이핑 작업을 이어나갔다. 나조차 내 자신에게 놀란 경험이었다.

'내가 왜 이렇게 몰입하지?'
'이 집중력은 어디서 나오는 거지?'

그건 바로 **내 마음속에서 우러나오는 내적 동기**였다. 아이를 잘 키우고 싶다는 간절함과 함께 나 자신도 성장하고픈 마음뿐이었다. 누군가 시켜서가 아니라, 내가 필요하고 원해서 하는 일이었다.

나의 노력에 하늘도 감동했을까? 감사하게도 우리 아들, 딸은 무척이나 잘 자라고 있다.

딸아이를 가르치신 선생님들은 한결같이 '어떻게 이렇게 훌륭하게 키울 수 있으세요?', '정말 제 딸하고 싶네요. 너무 탐나요.', '이런 참한 아이가 우리 반이어서 너무 행복해요.', '어머님 참 대단하세요.'라며 도대체 비법이 뭐냐고 물어보신다.

항상 바르고 고운 말과 행동으로 주변 친구들에게도 상냥하고, 자기 주도적으로 학습하려는 의지도 강하고, 어려운 과제가 있어도 끝까지 포기하지 않고 끈기 있게 노력하는 모습이 훌륭하다는 의견이다. 참으로 감개무량하다.

딸아이가 어릴 적 너무 예민해서 죽도록 힘든 시절이 있었다. 어디 가도 비명 지르며 울어대는 민폐의 아이콘이었다. 아이와 함께 나가는 외출은 고생길 그 자체였고, 길거리에서 지나가는 생판 모르는 할머니가 나를 안쓰럽게 쳐다보며 "이런 아이가 나중에 커서 효도한다."라며 위로를 받은 적도 있다. 그 당시 앞이 깜깜했다.

도저히 이렇게 살 수는 없었다. 그래서 미친 듯이 아이의 좋은 습관과 태도를 만들기 위해 부단히 노력했다. 기질은 타고나지만 성격은 만들어진다. 훗날 사춘기가 되면 엄마 말을 듣지 않을 것을 대비해 그나마 엄마 말을 들을 때가 골든 타임이라 외치며 노력하고 또 노력했다.

아이를 성장시키고 싶다면, 부모부터 변해야 한다. 아이는 부모를 투사해 다른 사람을 본다고 한다. 내 아이의 본보기는 가장 가까운 부모이다.

매사 최선을 다하는 엄마의 모습을 본 자녀는 훗날 어떤 모습으로 성장할 것인가?

의사, 변호사, 대기업의 CEO? 난 장래 미래 직업을 말하는 게 아니다. 한결같은 부모의 성실한 자세를 직접 눈으로 확인한 아이는 책임감과 열정을 배운다.

내가 밥상머리 소통을 이토록 갈망하는 이유는, 어릴 때부터 대화가 부족한 환경에서 자랐기 때문이다. 엄격한 아버지와 항상 바쁘신 어머니는 세 명의 자식을 키우기 위해 고군분투하며 평생을 살아오셨다. 부모님은 자신의 역할에 충실했지만, 서로의 일상을 허심탄회하게 대화하는 경우는 거의 없었다.

나는 배우자 역시 진지하고 말이 없는 남자와 결혼했다. 둘 다 신중한 성격이라, 쓸데없는 농담은 하지 않았다. 서로가 싫어하는 행동은 알아서 피하고, 육아로 몸과 마음이 지치다 보니 점점 대화도 줄었다. 불만을 표현조차 하지 않으니 싸울 일도 없었다.

'화목한 가정을 어떻게 하면 만들 수 있을까?' 이 질문이 나를 밥상머리 소통으로 이끌었다.

대화와 소통이 자연스러운 행복한 가정의 모습과 경청과 질문의 힘을 알게 된 나는 내 모습을 객관적으로 바라보게 되었다.

말로만 지시하고 정작 행동으로 실천하지 않는 부모인가?

아이의 생각이나 감정을 묵살하고, 부모 처지에서 말하고 있지 않은가?

아이의 의견을 묻는다고 하지만 결국 부모 계획대로 행하도록 유도하지 않는가?

부모로 살면서 '아이가 이런 모습으로 자랐으면 좋겠다'라는 생각은 수없이 많이 해봤다.

하지만 '나는 어떤 부모인가? 자녀에게 어떤 모습으로 비치고 있는가?' 이런 생각은 하지 못했다.

'나는 어떤 부모인가? 그리고 나는 어떤 부모가 되고 싶은가?' 이 질문은 나를 바꾸는 계기가 되었다. 지속적인 밥상머리 소통은 부모가 나아가야 할 방향이 무엇인지 충분히 일깨워주었다.

5) 가장 중요한 건 '지금, 이 순간의 행복'이다

나에겐 2살 터울 친언니가 있다. 20년 전 골드미스로 살았던 내가 언니네 집에 놀러 가면, 전업 주부로 사는 언니의 모습이 신기하면서도 딱해 보였다.

조카를 돌보느라 본인은 정작 끼니도 챙겨 먹지 못하면서, 딸이 밥 한 끼 안 먹는다며 괴로워하는 모습이 도통 이해가 되질 않았다.

나: 뭐 하러 밥을 억지로 먹여? 배고프면 알아서 먹겠지!
언니: 너도 한번 애 낳아봐라. 그런 소리가 나오나.

살아가는 삶 vs 버티는 삶

몇 년 후 나 역시 엄마가 되었다. 부모의 삶은 그동안 내가 경험하지 못한 미지의 세상이었다. 나 역시 퇴직 후 전업주부로 살던 어느 날 옛 직장 동료에게 전화가 걸려 왔다.

나: 벌써 오후 4시야? 나 지금까지 세수도 못 했는데.

동료: 아이고! 이게 웬일이니.

눈 뜨자마자 내 얼굴 치장하기에 바빴고, 예쁜 옷 갈아입기 바빴던 나였다.

하지만 두 아이의 엄마가 되는 순간, 눈 뜨자마자 모유 수유하고 우는 아이 달래고, 빨래를 돌리고, 수없이 기저귀를 갈았다. 그러다 잠깐 아이 낮잠 시간에 숨죽여 이유식을 만들 때, 비명 지르면서 깨어난 아이를 또다시 달래고, 모유 수유를 무한 반복하다 보니, 딱 오후 4시였다.

아이를 돌보는 게 최우선이기에, 내 얼굴 따위 세수하는 것 사치였다. 적어도 그날 하루 내 머릿속 우선순위에서 밀리고 또 밀린 것이다.

그렇게 아이를 최우선으로 애지중지 키웠다. '내 뱃속에서 낳은 자식조차 제대로 키우지 못하면, 앞으로 그 어떠한 일을 제대로 할 수 있겠는가?' 육아는 부모의 강한 의지만으로 매우 훌륭하게 키울 수 있다고 자만했던 시절이 있었다.

좋은 부모가 되기 위한 나의 노력은 실로 대단했다. 남들 영어학원에 눈을 돌릴 때, 집에서 2~3시간 영어 환경을 만들어 노출하는 엄마표 영어를 선택했다. 주말마다 10곳의 인근 도서관을 돌면서 1년에 1,600건의 도서를 대출하고, 여행가는 시간조차 아까워서 이동하는 차 안에서도 영어 CD 음원을 틀어놓았다.

집 안 거실 한쪽에 TV는 있으나 10년 넘게 드라마 한 편도 마음 편하게 본 적도 없고, 세상이 어떻게 돌아가는지도 모르고 내 아이만을 바라봤다.

'어떻게 하면 아이를 잘 키울 수 있을까?' 고민할 때, 자녀에게 무관심한 부모를 보면 '어쩜 부모라는 사람이 저렇게 무책임할까?' 생각했다.

내 삶의 패턴을 아이의 스케줄로 분주하게 움직이며 나름대로 최선을 다하고 있다고 조금만 더 힘을 내자고 자신을 위로하며 살았다.

그러던 어느 날 3살 남짓 어린아이를 키우는 부부가 다정하게 여가 생활을 즐기는 모습을 보았다. 나는 감히 상상도 못 해본 그림이다. 그 대단한 엄마의 역할을 한다고 스스로 포기하며 누리지 못하는 삶을, 그 부부는 충분히 누리고 있었다.

좋은 부모가 되어야 한다는 강박 속에서 '의무감'과 '책임감'으로 자녀를 키우고 있지는 않은가? 대한민국의 경제력은 매우 높아졌음에도 불구하고 행복 지수는 최하위 수준이다.

행복하기 위해서 공부하고, 행복하기 위해 밤낮으로 일하는데도 정작 행복하지 않은 것이 우리의 현실이다. 행복하기 위해 대학을 갔고, 행복하기 위해 대기업에 취직했으나 기대처럼 행복함을 느끼지 못하고 좌절감과 실망감에 삶을 포기하는 사람까지 생겼다.

행복은 무엇일까?

거창한 목표를 세워서 그 목표를 이루었을 때 사람들은 행복하다고 말할 수 있는가? 더 높은 목표를 세우고 내일을 위해 오늘의 삶은 힘들게 살아가고 있는 사람들은 과연 행복할까?

부모가 일방적으로 희생하는 모습을 마주하는 아이는 과연 무슨 생각을 할까?

아이의 심리적 안정 즉, 애착에 가장 해로운 것이 바로 우울한 엄마다. 아이를 때리고 윽박지르는 엄마보다 더 안 좋은 엄마가 바로 우울한 엄마인 것이다.

'엄마가 행복해야 아이도 행복하다'라는 말이 있다. 엄마는 정작 삶이 힘들면서 아이에게 행복을 위해 공부를 강요하고, 좋은 직장에 들어가야 한다는 말만 내뱉는 부모는 아니었을까?

부모가 자식을 바라보는 마음은 똑같다. 좋은 대학을 나와 어엿한 직장을 다니고, 좋은 배우자를 만나 결국 자식이 행복해지기를 바란다. 하지만 진심으로 아이의 행복을 원하는데, 그 행복이 너무 먼 훗날만의 행복은 아닐까?

동화책을 읽어주면 옆에서 들어주는 아이,

내가 차려주는 밥을 맛있게 먹어주는 아이,

생각을 물어보면 머리를 갸우뚱거리며 고민하는 아이,

나에게 엄마라고 사랑스럽게 불러주는 아이,

내 품에서 이런저런 대화를 나눌 수 있는 황금 같은 소중한 시간.

밥상머리 소통의 궁극적인 목표는 먼 미래가 아닌, 매일 아이와 마주하고 있는 이 순간에 행복을 느끼는 것이다. 아이를 기른다는 것. 참 고단하고 힘든 일이지만 부모가 되지 않으면 절대 느끼지 못하는 상상 이상의 행복한 일이다.

작지만 행복한 순간을 느끼며 사랑을 주고받는 기억은, 무엇과도 바꿀 수 없는 긍정 에너지를 준다.

부모가 행복해야 행복한 소통을 나눈다.

부모가 행복해야 아이가 행복하다.

밥상머리에서 느꼈을 정서적 안정감은 훗날 아이가 세상을 마주할 때 단단한 무기로 자리 잡을 것이다.

부록

우리집 밥상머리
소통 체크리스트

╎╎🍴

□ 우리집에 식탁 또는 밥상의 공간이 있다.

□ 틈날 때마다 게임, 유튜브 보는 아이들이 걱정된다.

□ 집에서 똑같은 일상적인 대화만 반복된다.

□ 자녀와 부모와의 관계가 점점 서먹해진다.

□ 단답형으로 대답하는 자녀 모습이 답답하다.

□ 독서토론의 중요성을 알고 있다.

□ 논술, 토론학원을 보내야 할지 고민하고 있다.

□ 사교육비가 부담스럽다.

□ 행복한 가정의 대화를 위해 무엇인가를 하고 싶다.

□ 자녀에게 좋은 습관을 물려주고 싶다.

□ 자녀가 누구보다 더 행복한 사람이 되길 바라고 있다.

5개 이상 체크하셨다면 소중한 가족을 위해
꼭 밥상머리 소통을 시작해보세요.

밥상머리 소통을 경험한
부모들의 이야기

🍴

밥상머리 소통 실천가가 말해주는 불편한 진실

1. 생각보다 잘되지 않음.

2. 밥상머리 소통을 위한 절대적인 시간은 없음.

3. 시작하자마자 아이들은 바로 딴짓함.

4. 어이없는 질문에 말문이 바로 막힘.

5. 내가 왜 사서 고생하나 생각이 듦.

그럼에도 불구하고

밥상머리 소통이 뭐가 그리 좋냐고 물어보신다면….

1. 시간에 구애받지 않더라고요

부모와 아이가 함께 있으면 언제 어느 때든 가능합니다. 힘들게 학원 시간을 맞출 필요도 없고, 이동 시간도 필요 없어요. 식사하면서 생각을 말할 수 있고, 잠들기 전에 깊이 있는 대화도 가능하다. 일상이 대화와 토론의 장이 되는 거죠. 사교육과 차별화된 점은 '아이의 수준별, 성향별로 맞춤 관리'가 가능하다는 점이 최고의 장점이에요. 무엇보다 내 아이에 대해 가장 잘 알고 있는 사람이 바로 부모이기 때문이죠. 아이의 최대 관심사가 무엇인지 정확하게 파악하여 호기심을 유발하는 대화를 시도해 보세요.

2. 아이와 잊을 수 없는 추억을 만들었더군요

지극히 평범하게 시작지만 지금 와서 돌이켜보니, 반강제적으로 추억이 쌓여 있어요. 물론 하는 과정은 어렵고 힘들었어요. 그런데요. 그것도 추억이 되어있어요. 저도 힘들었는데, 아이는 오죽했겠어요. 그런데 성장해 있어요.

그 성장은 오늘 했다고, 내일 보이는 그런 성장이 아니에요. 참고 이겨내는 힘. 감정이 상할 때 마음을 조절하는 힘. 수많은 정보 속에서 내가 원하는 것을 찾아내는 힘. 바쁜 시간을 쪼개가며 해야 할 일을 해야 하는 힘. 이 모든 과정을 경험하면서 아이가 성장해 있어요. 그리고 중요한 건 엄마도 함께 성장해 있더라고요. 밥상머리 소통을 시작하니, 내가 어떤 사람인지, 어떤 강점이 있는지, 어떤 사람들을 도울 수 있는지 알게 되었어요.

3. 아이의 심정과 나를 더 이해하겠더라고요

소통은 혼자 하는 게 아니에요. 함께 생각하고, 함께 질문하고, 함께 마음을 나눠야 해요. 그러기 위해서는 상대방이 필요하죠. 그 상대방이 아이가 가장 사랑하는 부모가 되는 거죠. 물론 또래와의 대화도 중요해요. 그 부분은 놀이터에서, 학교에서 채워줄 거로 생각해요. 아이가 어릴수록, 부모와 함께하는 시간이 가장 중요해요.

시작 전에는 몰랐던 아이의 깊은 마음속 이야기를 들을 수 있었고, 함께 고민하는 사람들의 경험담으로 울고 웃을 수 있었습니다. 아이와 함께 이야기를 나눈 주제를 기록하고, 아이가 힘들어하는 과정을 아이가 해낼 수 있도록 부모가 함께했어요. 그랬더니 내 아이를 더 잘 이해하게 되었어요. 아이의 상황을, 아이의 심정을요. 그리고 아이를 알고 싶어서 시작한 일을 통해, 오히려 저를 더 잘 알게 되었어요.

아이의 생각과 부모의 생각 교류로 서로를 더 이해할 수 있게 됐고, 더욱 끈끈한 소통 정서가 완성되었죠. 날마다 어렵다면 일주일에 한 번이라도 아이들과 진솔한 대화, 의미 있는 시간을 쌓으시길 바랍니다.

4. 나도 모르게 인내심이 생겼어요

며칠 쉬더라도 다시 시작했어요. 큰 욕심 부리지 않고, 아이들과 대화할 수 있는 이 순간을 감사하며, 그 속에서 행복을 찾으려고 했어요. 처음에는 힘들더라고요. 그런데 조금씩 익숙해져요. 그 과정을 배우는 거예요. 밥상머리 소통을 하면서 더 행복한 건요, 읽고 싶고 공부하고 싶은 게 자꾸 생겨서 설렌다는 거예요. 육아, 소통 관련 공부를 많이 했는데, 지금은 더 공부 하고 싶어졌어요. 그리고 내 곁에 있는 아이들이 자꾸 더 좋아져요.

하기 싫고, 피하고 싶은 일을 이겨내고, 반복하니 습관이 되고, 습관이 되니 점점 쉬워지고, 쉬워지니 재미있어지는 과정이요. 그 과정을 아이와 함께하니, 부모만 포기를 안 하면 어떤 일이든 하겠더라고요. 아이의 든든한 버팀목이 되어 주세요. 엄마가 흔들리면 아이도 흔들립니다.

5. 만약 밥상머리 소통을 접하지 않았더라면…

밥상머리 소통을 접하지 않았더라면 아직도 좁은 눈으로 세상을 바라보았겠죠. 아이의 입장은 생각하지 못하고 부모 기준대로 아이를 키웠을 거예요. 그래서 밥상머리 소통을 접했다는 사실에 언제나 감사해요. 이렇게 부모와 깊은 대화로 관계를 맺으면 사춘기가 온다 해도 큰 걱정이 되지 않아요.

일상생활의 사소한 일들을 대화 그리고 토론 주제로 접하면서, 매번 새로운 관점으로 주제를 바라보려고 노력했어요. 그러니 자연스럽게 각종 사회 문제에 대해 깊지는 않더라도 더 넓게 이해할 수 있었어요. 특히 다양한 책을 읽으면서 나와 다른 삶을 살아온 사람들에게 이입해서 그들이 어려움을 어떻게 극복하는지 아이와 함께 이야기를 나눈 게 가장 좋았습니다.

세상의 모든 아이는 모두 다 특별합니다. 하지만, 부모들은 그 특별함을 보지 못하고 별난 아이로 바라봅니다. 부모가 어떤 시선으로 아이를 바라보는지에 따라 아이의 자존감은 달라집니다. 밥상머리 소통은 부모 자녀 간의 대화를 촉진하고 이를 통해서 건강한 부모 자녀 관계를 형성하는 데 큰 도움이 될 수 있어요. 또한 아이들뿐 아니라 어른들도 인생과 행복의 의미를 배울 수 있는 확실한 방법임을 확인합니다.

6. 다시 태어나도 밥상머리 소통을 하겠냐고 묻는다면

다시 태어나도 밥상머리 소통을 하겠냐고 물어본다면
주저하지 않고 바로 "네."라고 하겠습니다. 그리고 되묻겠습니다.
"이 좋은 걸 안 할 이유가 있나요?"라고.

밥상머리 소통은

자녀와의 갈등을 효과적으로 해결할 수 있고
자연스럽게 지식 습득, 표현력, 창의력까지 덤으로 얻을 수 있으며

사회적인 문제에 대해 다양한 의견을 듣고 분석하는 능력을 키우고
타인의 의견에 대해 존중과 공감을 배울 기회를 제공하는 최고의 의
사소통 방법이다.

밥상머리 소통을 처음 시작하는 분들에게

여러분은 자전거를 좋아하시나요? 자전거를 타기 위해서는, 내 몸에 맞
는 자전거가 필요하죠. 그리고 탈 만한 장소가 필요하고, 넘어지는 과정도
필요합니다. 값비싼 자전거는 처음 시작하는 사람에게 그다지 중요하지 않
습니다. 무엇보다도 '자전거를 타고 싶은 마음'이 더 중요하죠.

저에게 밥상머리 소통은 '자전거 타기'와 같은 일이었습니다. 넘어질까
봐 두려웠고, 그 두려움에 외면도 했습니다. 하지만 다시 달래가며 자전거
를 타러 가자고 먼저 신발을 신었습니다. 아이와 함께 걷다 보니 홀로 걷던
풍경보다 더 아름다웠고, 혼자일 때는 보이지 않았던 더 큰 세상을 만났습
니다.

'아이가 왜 안 변하지?', '언제쯤 잘하게 될까?' 조급한 마음보다는, '무슨
내용으로 대화를 건네볼까?', '왜 그런 생각을 하게 되었을까?' 생각의 변화

를 느꼈습니다.

결국 아이보다 부모가 먼저 달라지더군요. 아이의 말을 주의 깊게 경청하니, 부모가 바뀌는 놀라운 경험을 했습니다.

망설이시나요? 이 글을 읽고 있다는 것만으로도 당신은 가족과 진심 어린 소통을 원한다는 증거입니다. 물론 처음부터 수월하게 진행되지는 않습니다. 어쩌면 상당한 시간과 노력이 필요할지도 모릅니다. 하지만 가정에서 부모와 아이가 밥상머리 대화, 토론하는 것은 가치 있는 일임이 분명합니다.

세발자전거로 시작해서, 보조 바퀴가 있는 네발자전거. 그리고 두발자전거를 타기까지 많은 과정이 필요합니다. 아이가 스스로 자전거를 탈 수 있도록, 뒤에서 지켜봐 주세요. 중간에 넘어져도 다시 일어서는 과정을 함께 해주세요. 아파서 울면 위로해 주고, 성공하면 함께 기뻐해 주세요.

처음에는 앞만 보고 달리겠지만, 익숙해지면 시원한 바람을 느낄 수 있고, 더 넓고 곳까지 달려갈 수 있어요. 그동안 경험하지 못한 새로운 세상에서 아이가 꿈을 펼칠 수 있도록 걸음걸음마다 응원해 주세요.

밥상머리 소통으로 변화를 체감한 사람들

"결국 내가 변해야, 아이도 변한다는 것을 깨달았어요."

"그동안 아들 말을 무시하고 끌고 온 시간이 후회되고, 이제라도 생각을 나누는 엄마가 되고 싶어요."

"아이와의 대화에서 주제를 포착하는 것이 중요하다는 것을 깨달았어요."

"지금까지 건성으로 대답한 나 자신을 반성합니다."

"그동안 어떤 말투로 말하고 아이들을 대하는지 뒤돌아보게 되었어요."

"너무 아이의 마음을 못 읽어주고 귀 기울이지 않았구나! 생각이 들면서 눈물이 핑 돌더군요."

"어렵게만 생각한 토론이었는데, 이렇게 쉽게 접근할 수 있구나! 깨달음을 안고 갑니다."

"내 아이를 잘 키우고 싶다면 해답은 우리 아이에게 있다는 말씀을 듣고 난 후, 아이들과 더 많이 대화하고 배우는 시간을 갖도록 노력하고 있어요."

"그동안 알면서도 모른 척했던 아이의 마음이 보이면서, 내 의견을 더 중요하게 했던 때가 생각나서 반성했습니다."

"우리 아이들 키울 때 이런 교육을 들었더라면 좀 더 아이들과의 관계가 좋아지지 않았을까 싶습니다."

"사춘기 책만 볼 게 아니라 밥상머리 교육 등 아이와의 대화 책도 읽어보게 되었습니다."

"정리해 주신 내용을 토대로 실전에서 쓸 수 있는 대화와 토론을 할 수 있겠다는 희망을 보는 시간이 되었습니다."

"학습의 개념이기보다는 삶의 지혜를 길러줄 수 있다는 것이 마음에 와닿았습니다."

"그동안 필요성은 알지만, 실천이 어려웠는데, 토론의 방법은 물론, 토론의 정확한 목적을 알 수 있어서 좋았습니다."

"그동안 몰라서 매번 흘려버렸던 대화 소재가 아깝다는 생각이 들더군요. 이제 지속할 일만 남았네요."

"저의 부족함을 일깨워주는 시간이었습니다. 수업을 듣고 아이를 보니 정말 질문을 많이 하더군요."

"밥상머리 토론을 하면 좋은 것도 알고, 해야지 하면서 행동으로까지 옮길 강한 동기가 생기지 않았는데, 바로 시작해야겠다는 마음을 먹게 되었습니다."

"생각해 보니 아이들은 항상 이야기와 토론할 준비가 되어있었던 것 같아요."

"어떻게 시작할 수 있는지 궁금했는데, 생각보다 어렵지 않게 우리 주변에서 일어나는 모든 일상이 대화의 주제가 될 수 있다는 것을 배운 거 같습니다."

"질문이 있어야 답이 있다. 질문이 없으면 답도 없다는 말을 되새기며, 아이가 질문이 많음을 감사하며, 그 질문의 답을 찾아가는 엄마로 변하길 기대합니다."

"아이를 똑똑하게 키우기보다는, 아이와 수많은 대화를 함으로써 가족이 행복하게 지내기 위함이라는 부분이 강하게 남습니다."

"밥상머리 교육을 놓쳐 늘 아쉬움을 느끼는 사람입니다.

우리 아이들이 대화에 얼마나 굶주렸는가를 알아차린 것은

아이들의 나이가 40살이 훌쩍 넘은 지금에서야 알아차렸답니다.

우리 아들이 어려서 한 말이 생각납니다. 엄마는 아파 아니면 바빠라고.

질문하는 아이에게 그렇게 대답했나 봅니다. 참 많이 미안한 것도 이제 알았답니다.

이제라도 대화법을 찾아 여생 시끌벅적한 밥상 앞을 꿈꾸어봅니다.

들어도 모르고 해보고도 모르는 나이라서 아쉽습니다.

밥상머리 대화법의 프로그램이 많이 확산하여

때를 놓치는 가정이 줄어들기를 바라는 마음입니다."

밥상머리 소통 교육 후기 중에서

마치며

밥상머리 소통을 할 수 있다는 이 상황에 감사하라

어디 가도 엄마를 찾았던 아이. 엄마가 없으면 불안한 아이. 어릴 적 두 아이는 엄마 껌딱지였다. 당시를 돌이켜 보면 하루하루가 고단하고 힘들었다. 늦은 시간까지 말똥말똥 눈을 뜨고 있는 아이에게 빨리 자라고 혼을 내기도 하고, 늦은 밤 귀가하는 남편을 원망스러운 눈빛으로 쳐다보며 서러운 마음에 혼자 울기도 많이 울었다.

그때는 몰랐다. 이런 날도 몇 년 남지 않았다는 사실을. 껌딱지도 언젠가는 떨어진다는 사실을. 내가 잡은 손을 아이는 조금씩 밀어내고 있었다. 껌딱지가 떨어진 것이다.

언젠가는 떨어질 거라 예상했지만 갑자기 훅 들어온 순간, 되게 후련할 줄 알았는데 되게 속 시원할 줄 알았는데, 되게 허전하고 되게 서운하다.

유치원 등원 길에 지겹도록 '이게 뭐야?'라고 물어보던 아이가 이제는 척척 인터넷 검색으로 스스로 답을 찾는다.

배고프다며 징징거리고 엄마를 찾던 아이가
이제는 혼자 라면을 끓여 먹고 밥까지 말아 먹는다.

밤마다 무섭다며 자다가 달려오던 아이가
이제는 기다려도 오지 않는다.

제발 나의 시간을 가지고 싶다고, 제발 혼자 있고 싶다고 원하고 원했는
데, 막상 나만의 시간이 오니 묘하게 기쁘지 않다. 오히려 밀려드는 허전함
에 코끝이 찡해진다.

밥상머리 소통을 접하기 전에 나는 방법을 몰라 답답한 마음으로 살아왔
다. 열심히 해도 결과가 보이지 않으니 뭘 해도 억울하고 불만을 뱉어냈다.
부정적인 감정의 화살은 결국 아이와 남편이 맞아야만 했다.
  집 밖에서는 밝은 에너지로 한없이 이해심 많은 사람이었지만, 정작 가
족에게는 그러지 못했다. 가장 소중한 것들을 소중한 줄 모르고, 감사해야
할 것에 감사할 줄 전혀 몰랐던 것이다.

나의 인생에 육아가 순탄하게 이어졌다면, 이러한 노력의 과정과 깨달음

을 얻지 못했을 것이다. 아이의 사춘기와 엄마의 갱년기를 마주했을 때, 아이의 깊은 속내를 이해하지 못하고 더욱 힘든 나날들을 보냈을 것이다.

어느 날 TV 프로그램인 오은영 박사의 〈금쪽같은 내 새끼〉를 보고 있는 나에게 아들이 물었다.

"엄마! 도대체 이거 왜 보는 거야?"
"음~ 이거 보고 너희들 잘 키워보려고."

"엄마! 지금도 잘 키우고 있잖아!"
"어?"

순간 가슴이 먹먹했다. 아들이 인정해 준 한마디. 지금도 잘 키우고 있다는 말. 아이의 칭찬 세례에 움츠러졌던 마음 자락이 펴지며 행복이 차오른다. 엄마의 노력이, 엄마의 사랑이 아이에게 고스란히 전달되었나 보다.

내가 지금 잘하고 있는지 항상 불안하고 서툴러서 미안했다. 이게 맞는 방법인지 몰라 육아 책을 섭렵하고, 각종 육아 프로그램에서 정답을 찾아 헤맸다. 내 아이의 재능과 가능성 그리고 지금 무슨 고민을 하고 있는지 전혀 모르는 이들에게, 도대체 우리 아이는 어떻게 키워야 하냐며 묻고 있었다.

수 없이 되새김질하며, 많은 시행착오가 부모인 나를 변화 시켰다.

'너는 어떤 말을 가장 듣고 싶은지?', '너는 어떤 엄마를 원하는지?', '무엇을 할 때 가장 재미있고 행복한지?'를 내 아이에게 직접 물어봤어야 했다. 아니 묻기도 전에 아이는 이미 이야기했을지도 모른다. 그 간단한 사실을 빙빙 돌아 뒤늦게 깨달았다.

느린 아이가 아닌 **'조금 천천히 가는 아이'**
소심한 아이가 아닌 **'남을 배려하는 아이'**
답답한 아이가 아닌 **'신중한 아이'**
'너무나도 착하고 사랑스러운 아이'

우리 아이는 그런 아이였다.

단 하루도, 아이를 사랑하지 않는 날이 없었다.
내가 아닌 사람이 더 잘 먹었으면 좋겠고,
내가 아닌 사람이 더 행복했으면 좋겠고,
나보다 더 행복했으면 좋을 사람.

아이가 내 품에서 책을 읽고 함께 이야기를 나눌 수 있는 시간이 얼마나 더 남아 있을까?

목이 터지라 울며 엄마를 찾던 이 세상 모든 아이는 언젠가 각자의 길로 걸어간다.

수십 년 뒤 사무치도록 그리워할 이 시간. 나에게 주어진 시간을 감사한 마음으로 밥상머리에서 추억을 쌓는다.

마음을 움직이는 대화. 행복을 전달하는 소통. 삶의 이유를 생각하게 하는 토론까지. 밥상머리는 삶의 목표 포인트를 '성공 지향'보다 **'아이와 부모가 함께 성숙하는 장'**으로 실현할 수 있다.

오늘도 경쟁 사회 속에서 입시 제도에 허덕이고 힘들어하는 대한민국 모든 부모와 아이가 행복하기를 바라면서 이 책을 바친다.

PS. 끊임없이 고민하고 성장하는 엄마로 이끌어준 멋진 아들 지완이, 머리부터 발끝까지 엄마를 쏙 닮은 이쁜 딸 지아, 욕심 많은 아내 곁에서 묵묵히 도와주는 영원한 나의 동반자 남편, 막내딸을 사랑으로 키우신 친정 부모님, 항상 사랑한다고 말해주시는 시어머님께 이 책을 빌어 감사함을 전합니다.

대한민국 엄마 김주영

하루 10분! 밥상머리 소통의 기술